Originally published as:
SHOSHI-KOREI-SHAKAI NI OKERU SHAKAI-SEISAKU NO ARIKATA WO KANGAERU by Masaya Yasuoka
©Masaya Yasuoka 2018
Chinese translation rights in simplified characters arranged with KWANSEI GAKUIN UNIVERSITY PRESS
through Japan UNI Agency, Inc., Tokyo
Simplified Chinese edition copyright ©2021 by Social Sciences Academic Press (China)
All rights reserved.

亚太经济与社会发展译丛

日本社会政策

少子老龄化状况检视

少子高齢社会における
社会政策のあり方を考える

［日］安冈匡也 / 著
王　峥 / 译

社会科学文献出版社
SOCIAL SCIENCES ACADEMIC PRESS (CHINA)

"亚太经济与社会发展研究译丛"编委会

主　编　尹忠海　陈家琪　蒋国河　唐　俊

副主编　陈文钢　曾献飞　李　庆　王　峥　吴　杨

编委会成员（按姓氏音序排列）

　　　　艾　炎　蔡　前　陈家琪　陈文钢　洪泸敏
　　　　胡　宜　黄海燕　蒋国河　兰世辉　李　庆
　　　　卢　俊　苗春凤　秦安兰　唐　斌　唐　俊
　　　　万谊娜　汪鸿波　汪忠列　王　峥　吴时辉
　　　　吴　杨　徐　佳　银平均　尹忠海　袁冬华
　　　　苑晓美　张　晟　周梅芳　曾献飞

目　录

前　言 ··· 1

上篇　各世代面临的社会问题

第一章　少子老龄化社会存在的问题 ············· 3
　一　人口动态 ···································· 3
　二　人口减少为什么会带来问题 ·········· 7
　三　社会保障制度改革与老龄化 ·········· 14
　四　如何保障劳动力人口供给 ············ 16

第二章　困扰老年一代的社会问题之一：老年人的生活困境 ············ 19
　一　食品荒漠问题 ···························· 19
　二　"孤独死"问题 ··························· 24
　三　未来的老年人困境 ······················ 29

第三章 困扰老年一代的社会问题之二：老年人的护理困境 ………… 32

一　日本老年人患认知症情况 …………………… 32

二　老龄化进程中认知症带来的社会问题 ……… 35

三　护理问题 ……………………………………… 37

四　未来的护理方式 ……………………………… 42

第四章 困扰老年一代的社会问题之三：老年人收入差距和流浪人口 ………… 47

一　老年人的收入情况 …………………………… 47

二　流浪人口问题 ………………………………… 52

三　流浪人口问题如何解决 ……………………… 62

第五章 困扰年青一代的社会问题之一：劳动问题 ………… 66

一　关于黑心企业的定义 ………………………… 66

二　劳动者安全 …………………………………… 70

三　如何减少黑心企业 …………………………… 75

第六章 困扰年青一代的社会问题之二：无家可归的年轻人 ………… 78

一　网吧难民 ……………………………………… 78

二　不稳定的非正规就业 ………………………… 80

三　为年青一代提供政策支持 …………………… 82

四　自由职业者和"啃老族" ……………………… 86

五　日本的"宅人族" ………………………………… 89
　　六　如何防止年轻人陷入贫困 ……………………… 90

第七章 困扰年青一代的社会问题之三：女性的劳动参与… 95
　　一　女性就业情况 …………………………………… 95
　　二　育儿和工作的两难 ……………………………… 98
　　三　终身未婚率的上升 ……………………………… 101

第八章 困扰年轻父母的问题之一：待机儿童 …………… 106
　　一　幼儿园和保育园 ………………………………… 106
　　二　待机儿童问题 …………………………………… 109
　　三　保育市场的前景 ………………………………… 113

第九章 困扰年轻父母的社会问题之二：社会养护 ……… 119
　　一　什么是社会养护 ………………………………… 120
　　二　儿童虐待与儿童咨询所 ………………………… 121
　　三　如何实现自立 …………………………………… 128

第十章 困扰年轻父母的社会问题之三：单亲家庭的
　　　　子女抚养 ……………………………………… 134
　　一　单亲家庭概况 …………………………………… 134
　　二　单亲家庭与社会保障制度 ……………………… 136
　　三　单亲家庭的困境 ………………………………… 140
　　四　阻断贫困的代际传递 …………………………… 142

下篇 关于今后发展的思考

第十一章 有关医疗政策的思考之一：老龄化与医疗 …… 147
  一 医疗费用的动向 …… 147
  二 老龄化是否造成了医疗费用增长 …… 149
  三 老龄化与护理 …… 152
  四 医疗服务供给不足 …… 154

第十二章 有关医疗政策的思考之二：理想的医疗服务体系 …… 158
  一 床位管控 …… 158
  二 供给者诱导需求 …… 161
  三 交通事故与第三方责任追偿申请 …… 163
  四 日本的医生数量 …… 164
  五 自治体的医疗政策 …… 166
  六 地域医疗的发展 …… 168

第十三章 有关劳动政策的思考之一：接收移民与非正规就业 …… 171
  一 日本的外籍劳动者接收情况 …… 171
  二 其他国家的外籍劳动者接收情况 …… 175
  三 非正式员工的相关问题 …… 178
  四 不确定性与工资差别 …… 181

目录

第十四章　有关劳动政策的思考之二：劳动经济的现状……… 185
　一　劳动经济情况 ……………………………… 185
　二　劳动力数量与工资刚性 …………………… 187
　三　老年人的就业促进政策 …………………… 191
　四　劳动力需求曲线与劳动力供给曲线的推导 …… 193

第十五章　灾后重建 ……………………………… 197
　一　东日本大地震后的受灾情况与重建资金 …… 198
　二　东日本大地震与生产损失 ………………… 200
　三　东日本大地震与就业情况 ………………… 202
　四　灾后的生活环境 …………………………… 203
　五　灾后居住问题 ……………………………… 206
　六　今后展望 …………………………………… 209

第十六章　残疾人福利政策 ……………………… 213
　一　有关残疾人的定义 ………………………… 213
　二　残疾人的就业情况 ………………………… 215
　三　残疾人的受教育情况 ……………………… 218
　四　残疾人应有的工作状态 …………………… 220

第十七章　教育经济学 …………………………… 224
　一　学费负担情况 ……………………………… 224
　二　教育的经济影响 …………………………… 227

三　教育收益率 ·················· 230
　　四　教育券制度 ·················· 232

第十八章　社会保障的经济学分析 ············ 235
　　一　产业关联分析 ················ 235
　　二　45度线模型和乘数效应 ············ 240
　　三　贷款和利率 ················· 241
　　四　理想的补贴发放方式 ············· 242
　　五　"有效多数"表决机制中存在的问题 ······ 244

索　引 ························ 247

译后记 ························ 256

图目录

图 1-1　日本人口动态 …………………………………… 4

图 1-2　总和生育率的发展趋势 ………………………… 6

图 1-3　"家庭关系社会支出"占 GDP 的比重 ………… 6

图 1-4　日本社会保障制度支出情况 …………………… 8

图 1-5　老年人的供养人口（15~64 岁人口供养 65 岁及
　　　　以上人口）发展趋势 ………………………… 9

图 1-6　不同年龄阶段女性的劳动参与率 ……………… 11

图 1-7　55~64 岁老年人的劳动参与率 ………………… 12

图 1-8　不同年龄段人口的投票率 ……………………… 15

图 1-9　劳动力人口预测 ………………………………… 16

图 2-1　居住地区的不便之处 …………………………… 20

图 2-2　食品荒漠产生原因 ……………………………… 22

图 2-3　邻里之间的交往程度 …………………………… 24

图 2-4　东京 23 区死于家中的 65 岁及以上独居者数量 …… 25

图 2-5　民生委员及儿童委员人数 …………………… 26
图 2-6　民生委员的职责 …………………………… 27
图 2-7　理想的临终场所 …………………………… 29
图 3-1　认知症患者人数的发展趋势 ………………… 33
图 3-2　认知症患者与轻度认知功能损害者 ………… 34
图 3-3　日本交通事故情况 …………………………… 36
图 3-4　因照顾老人而离职的员工数量 ……………… 39
图 4-1　老年家庭的收入情况 ………………………… 48
图 4-2　不同年龄层的基尼系数（等价再分配收入）… 49
图 4-3　储蓄目的 ……………………………………… 51
图 4-4　全国流浪人口发展趋势 ……………………… 53
图 4-5　流浪人口的年龄结构 ………………………… 55
图 4-6　流浪人口的工作内容 ………………………… 56
图 4-7　养老金缴费时长 ……………………………… 58
图 5-1　企业违反劳动法类型 ………………………… 67
图 5-2　未支付加班补贴的情况 ……………………… 69
图 5-3　人均全年实际劳动时间总数（在岗员工）… 70
图 5-4　长时间劳动者的面对面健康指导概要 ……… 72
图 5-5　因公受伤或因公致病的认定标准 …………… 74
图 6-1　网吧难民 ……………………………………… 80
图 6-2　非正式员工比重 ……………………………… 81
图 6-3　实际经济增长率发展趋势 …………………… 84

图目录

图6-4	无业青年数量	88
图7-1	女性劳动参与率发展趋势	96
图7-2	不同就业方式下的劳动者构成情况（不含公司董事）	97
图7-3	终身未婚率变化趋势	102
图7-4	对结婚对象的要求（多项选择）	103
图8-1	待机儿童的数量变化	110
图8-2	保育员离职原因	115
图8-3	保育员支援计划	115
图9-1	儿童虐待的咨询数量变化	122
图9-2	虐童事件的当事人情况	123
图9-3	儿童虐待咨询及救助工作的流程	125
图9-4	离开养护设施时孩子的最终学历情况	129
图9-5	就业方式比较	130
图10-1	单亲妈妈的就业情况	136
图11-1	日本国民医疗费用的变化情况	148
图11-2	终身医疗费用	149
图11-3	老龄化与医疗费用的关系	150
图11-4	医疗服务市场	154
图12-1	床位数量变化趋势	159
图12-2	进行第三方责任追偿申请时的医疗费用支付流程	164

图 12-3　每 1000 人口拥有的医生数量 ·················· 166

图 12-4　自治体医疗政策与财政对社会保险的补贴
　　　　负担·· 167

图 13-1　近年日本接收外籍劳动者的情况 ············ 172

图 13-2　外籍劳动者的来源国情况 ······················· 173

图 13-3　接收外籍劳动者与本国劳动力市场的关系 ····· 175

图 13-4　各国劳动力人口中外籍劳动者所占比重 ······ 177

图 13-5　正式与非正式员工的平均工资（按时薪换算）
　　　　差距·· 178

图 13-6　非正式员工的供给与需求增加情况 ········· 179

图 13-7　劳动力市场的工资差别 ··························· 180

图 14-1　日本劳动力人口情况 ······························· 186

图 14-2　日本失业率发展趋势 ······························· 187

图 14-3　劳动力需求与劳动力供给 ······················· 188

图 14-4　均衡就业量和均衡工资率 ······················· 189

图 14-5　工资刚性与失业 ······································ 189

图 14-6　工资刚性与经济萧条 ······························· 191

图 14-7　老年劳动者的就业补助金政策 ················ 193

图 14-8　劳动力需求曲线推导 ······························· 194

图 15-1　增加税收对经济形势的影响 ···················· 200

图 15-2　水产业的灾后恢复情况 ··························· 202

图 16-1　日本残疾人情况 ······································ 214

图 16-2　日本残疾人的就业情况 ·················· 216

图 16-3　实际雇佣率的计算 ······················ 217

图 16-4　不同年龄段的残疾人与非残疾人就业率 ········ 218

图 16-5　特别支援学校数量的发展趋势 ·············· 219

图 16-6　特别支援学校高中生毕业后的去向 ··········· 220

图 17-1　教育支出中的家庭负担比重 ················ 225

图 17-2　日本大学生的奖学金领取情况 ·············· 226

图 17-3　不同学历者的工资水平 ··················· 228

图 18-1　产业间的交易 ·························· 236

图 18-2　信贷市场分析 ·························· 242

表目录

表 1-1　企业采取措施雇用老年人的情况 …………… 13
表 3-1　认知症的种类 …………… 33
表 3-2　护理机构的入住费用 …………… 42
表 5-1　加班的时间限度（一般劳动者） …………… 68
表 5-2　劳灾保险的补偿类别 …………… 73
表 8-1　幼儿园与保育园的差别 …………… 107
表 8-2　法律认可保育园的配置标准 …………… 108
表 8-3　保育行业从业人员情况 …………… 113
表 9-1　社会养护的不同类型 …………… 119
表 9-2　虐童事件的类型 …………… 122
表 9-3　儿童咨询所的咨询服务分类 …………… 126
表 10-1　日本单亲家庭概况 …………… 135
表 10-2　儿童抚养津贴制度的基本情况 …………… 136
表 10-3　母子单亲家庭的收入情况 …………… 138

表 12-1	兵库县二级医疗圈（部分）	160
表 13-1	未来人口预测	174
表 13-2	性别间的工资差别	180
表 14-1	长期失业的分类	186
表 15-1	东日本大地震与阪神大地震的受灾情况对比	197
表 15-2	东日本大地震集中重建阶段的财政来源	198
表 15-3	东日本大地震后应急临时住宅的平均建设费用	207
表 15-4	对受灾者的各类支援	208
表 16-1	法定雇佣率	216
表 18-1	投入产出表	237
表 18-2	总投入与最终需求的关系	238
表 18-3	产业关联分析	239
表 18-4	X、Y、Z 各自的支持人数及排序	244

前　言

在少子老龄化的日本社会，不同的群体面临着不同的困境。老年人群体中存在贫困问题和护理难题；年轻人不仅面临贫困问题，还不时地遭遇黑心企业的就业陷阱；处于育儿阶段的年轻父母难以平衡工作与生活；儿童贫困更是无论如何都绕不开的话题。本书将围绕这些少子老龄化社会中的问题展开论述。

为了探讨社会保障等制度的正确改革方向，首先需要准确地把握日本社会当前存在的主要问题。本书的目的就是揭示这些问题。虽然本书题为『少子高齢社会における社会政策のあり方を考える』，但实际上并未对具体的政策方向给出答案。本书希望在科学地揭示各种社会问题的基础上，引起读者对社会政策的积极思考，共同寻找日本社会政策的改革之路。

本书综合了我在日常教学和科研工作中的成果，包括在关西学院大学经济学部的讲义资料和迄今为止有关少子老龄化社会相关制度的研究收获。

本书分为上、下两篇。上篇的第一章概述了日本少子老龄化社会存在的问题，也是本书的导言部分，第二章至第四章主要列举了困扰老年人的社会问题，第五章至第七章分析了日本年轻人的生存困境，第八章至第十章涉及困扰年轻父母的一系列问题。

下篇则选取了一些必要的论点进行说明。第十一章和第十二章主要探讨了理想的医疗政策，第十三章和第十四章主要探讨了理想的劳动政策，以上章节中也提到了目前日本社会存在的医疗问题和劳动经济问题。第十五章主要讨论了日本的灾后重建政策，第十六章和第十七章分别探讨了残疾人福利政策和教育的经济学影响，第十八章分析了社会保障制度对宏观经济的影响。

本书作为社会政策教材，使用时建议分为30个课时进行讲授。其中，第一章至第十章占15个课时，第十一章至第十八章占15个课时。书中进行了详细的章节划分，教师也可以根据授课需要，从学生最感兴趣的内容入手。

另外，我想借此机会对学生时代的几位恩师表达最诚挚的谢意。感谢细心教授我宏观经济学知识的足立英之老师、中谷武老师和中村保老师，感谢在财政学和社会保障学方面精心指导我的小盐隆士老师。这些老师帮助我找到了财政学和社会保障学的研究乐趣，也是这些老师帮助我掌握了财政学和社会保障学的分析方法。否则，我不会有机会撰写这本书，也难以从事现在这份工作了。我将不断地学习，继续弥补自己的不足。

为了不局限于纸面文字和二手资料，在撰写书稿时，我尽自己所能进行了实地调研。虽然无法对所有章节的内容逐一进行考察，但围绕老年人和年轻人的贫困问题以及流浪人群的相关问题，我在大阪市西成区参与了一系列的调查活动，包括"釜崎社区再生论坛"的有村潜先生发起的"釜崎社区研学之旅"和非营利组织"儿童之家"的庄保共子女士针对流浪人群发起的夜间巡游慰问活动等。另外，有关最低生活保障制度，宝塚市政府的和田高典先生进行了详尽的点评。这些宝贵的考察机会让本书的内容更加细致、完整，在此致以衷心的感谢。

在此，还要感谢关西学院大学出版会的田中直哉先生和户坂美果女士，正是两位的中肯建议使本书的内容得以完善。同时，感谢对我拙劣文稿进行辛苦校正的所有工作人员。

本书（日文版）的出版还有幸获得了关西学院大学研究丛书的资助，感谢关西学院大学给予我这样的机会。本书汇集了我至今为止在少子老龄化社会方面的研究成果，这些成果的取得离不开诸多科学研究课题经费（科学研究费助成事业）的支持。我主持的科研课题如下所示（本书中出现的一切错误都为作者本人责任，本书也仅代表作者个人观点）。

青年研究B"如何在少子老龄化社会下构建可持续发展的社会保障制度"（项目编号：21730159，2009~2010年度），青年研究B"年轻人收入差距扩大背景下的老年人养老金给付研究"（项目编号：23730283，2011~2013年度），基础研究C"少子老龄化社会下社会保障制度改革对宏观经济的影响分析"（项目编号：26380253，2014~2016年度），基础研究C"社会保障给付在不同年龄群体间的分配方式研究——基于收入差距和经济增长视角"（项目编号：17K03791，2017~2020年度）。

另外，在以往的研究工作中，我有幸遇到了多位志趣相投的同仁，并和他们共同开展了研究工作，这让我受益匪浅。本书能够顺利出版，也得益于他们的大力支持。

最后，我想借此机会对身边的朋友、同事和家人表达自己的谢意。我的父亲国一和母亲Yotue养育了我，至今依然关心和支持着我。虽然从事的工作不同，但父亲的工匠精神在很大程度上影响了我，妻子也认为工作中的我像一名工匠。

书稿每撰写完一章，妻子真理奈都会帮忙检查，协助我制作书中的图表，还在定稿之前阅读了全部书稿，将内容修改得更加通俗易懂。在此，也对妻子表示感谢！

2017年9月20日
写于西宫

上 篇
各世代面临的社会问题

第一章
少子老龄化社会存在的问题

即使在发达国家中,日本少子老龄化的发展速度也是非常快的,已经成为世界上老龄化率最高的国家。那么,少子老龄化社会本身是个问题吗?如果是的话,具体是什么样的问题呢?对于少子老龄化社会存在的种种问题,日本又采取了怎样的社会政策呢?本章将对这些议题做大致的介绍。

一 人口动态

2017年的日本人口总数约为1.2亿。如图1-1所示,日本的人口早已开始减少,并且今后还将继续减少。按现在的情况推算,2100年日本的总人口将会少于5000万人。另外,经推测,65岁及以上老年人占日本总人口的比重将从2016年的

27.3%上升到2050年的超过40%。① 有两个原因加快了日本社会的少子老龄化进程。一是医疗制度等不断完善，平均寿命延长；二是总和生育率降低，婴儿出生数量减少。总和生育率是指15~49岁女性（在一定时期）各年龄别的生育率合计，有以下两种计算方式。②

①"年份"总和生育率，即强调某一年份（通常为1年）的生育状况，对这一年各年龄段女性的生育率进行加总。

②"群体"总和生育率，即强调某一年龄段的生育状况，将同期（同年）出生的女性过去各个年龄阶段的生育率进行累计。

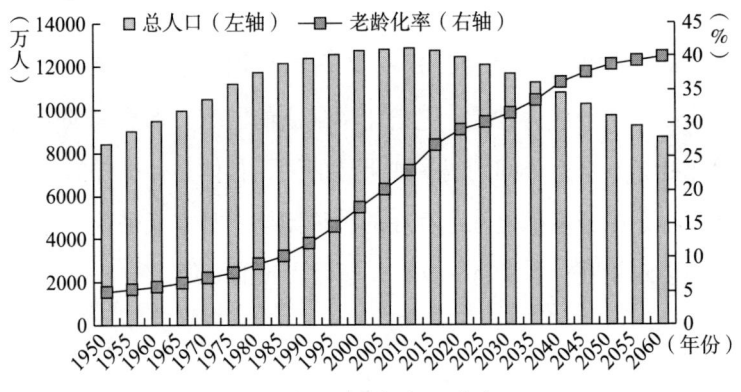

图 1-1 日本人口动态

资料来源：内閣府「平成28年版高齢社会白書」。

在进行数据的国际比较时，通常使用"年份"总和生育率。当总和生育率为2.07时，可以维持人口更替水平的稳定，

---

① 参见総務省統計局「統計トピックス No.97 統計からみた我が国の高齢者（65歳以上）——『敬老の日』にちなんで」、内閣府「平成28年版高齢社会白書」。
② 参见厚生労働省「平成27年人口動態統計月報年計（概数）の概況」。

即可以维持人口数量的稳定。①

总和生育率降低的情况不仅出现在日本，其他发达国家也出现了同样的趋势。在发达国家，人们认为女性的社会参与是总和生育率降低的主要原因之一。因为时间是有限的，当女性增加劳动时间时，就不得不减少照顾子女的时间。随着女性劳动报酬的增长和女性大学入学率的提高，女性育儿的机会成本变得越来越高，育儿造成的"逸失利益"②也变得越来越多。机会成本是指选择某个方案而放弃其他方案所丧失的潜在收益。例如，女性原本可以通过劳动获得报酬，但如果因为育儿而放弃了劳动，就意味着损失了原本可以获得的报酬。像这样为了做某件事而牺牲的潜在利益就是机会成本。

如图 1-2 所示，虽然从长期来看发达国家的生育率呈现下降趋势，但是有些国家近期的生育率出现了回升，代表性国家如法国和瑞典等。与日本相比，这些国家的育儿支持政策更加完善，政策支出的规模也比日本大。并且，从覆盖内容看，这些国家还出台了相关政策以防止"待机儿童"的出现。"待机儿童"是指需要进入保育机构，但因为人数限制而无法进入的儿童。由于无法利用保育机构，这些孩子的父母只好减少劳动时间，亲自照顾子女。那些不愿减少劳动时间的父母，甚至会选择不生孩子。

---

① 参见内閣府「（参考）合計特殊出生率を 2.07（人口置換水準）にするためには」。
② "逸失利益"是指本应该得到却因为事故发生而无法实现的利益，也称"期待利益"。——译者注

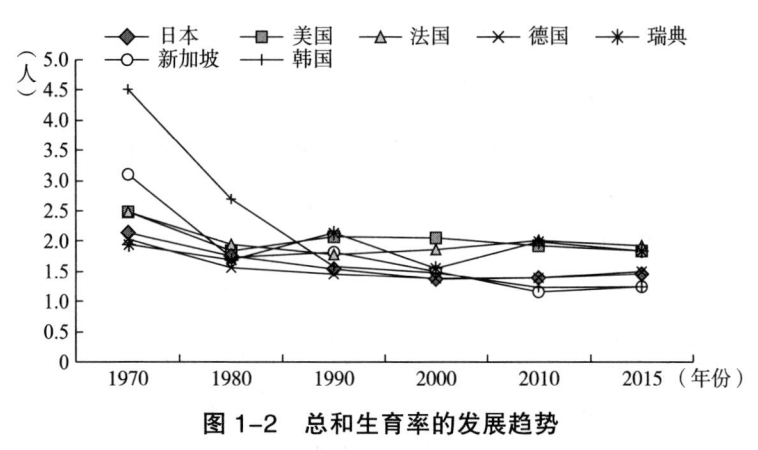

图 1-2 总和生育率的发展趋势

资料来源：根据内阁府「平成 29 年版少子化対策白書」制作。

除了发达国家以外，亚洲国家的生育率也像日本一样呈现出下降趋势。这一变化也可以用机会成本加以解释。随着亚洲经济不断发展，工资水平不断提高，人们更愿意花费更多的时间劳动，减少了育儿时间。

图 1-3 显示了上文提到的育儿政策支出。"家庭关系社会

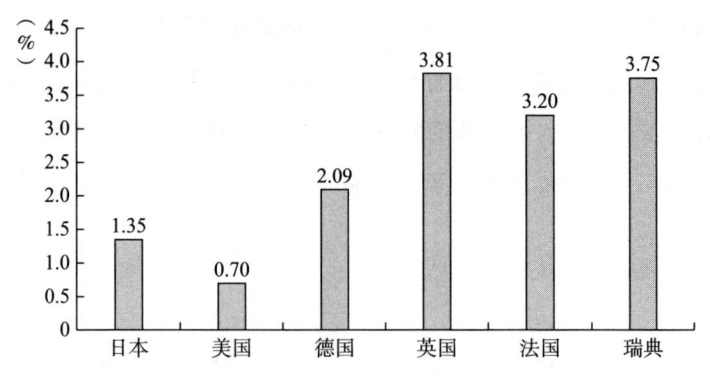

图 1-3 "家庭关系社会支出"占 GDP 的比重

资料来源：根据内阁府「平成 29 年版少子化対策白書」制作。

支出"包括儿童津贴、学前教育费用和保育机构运营费用等。通过计算"家庭关系社会支出"占GDP的比重，可以观察和对比各国生育支持政策的相对支出规模。

二 人口减少为什么会带来问题

人口减少为何会带来问题呢？大家可能会想到人口减少带来的好处，如电车里不再拥挤、交通不再堵塞等。但是，人口减少确实会带来严重的社会问题。本节举三个例子进行说明。

（一）社会保障制度难以持续发展

社会保障制度包括养老金、医疗保障等制度设计。劳动者在劳动时期缴纳保险费，在年老无法劳动时领取养老金维持生活。医疗保障是指国民缴纳保险费，在看病就医时只支付金额较少的自费部分。虽然社会保障制度不只是针对老年群体，也包括儿童津贴等对年轻人群体的给付，但给付还是以老年群体为主。所以，社会保障制度的支出总额会随着老年人口的增加而不断上升。图1-4显示了日本社会保障制度支出不断增加的情况。

那么，社会保障制度的资金是如何筹措的？主要是依靠征收社会保险费和税金。社会保险费又是从哪些人群中征缴的？护理保险、医疗保险等的保险费主要是从老年人群体中征缴的，养老保险的大部分保险费是从年轻人群体中征缴的。

税的种类很多，包括所得税、法人税、消费税等。其中，消费税里有老年人贡献的部分。所得税主要是针对有收入的人，因此主要是从年轻人群体中征缴的。也就是说，税金和社会保险费大多是从年轻人群体中征缴的，而后用来支撑老年人群的支出。这种方式被加藤久和（2014）称为"代际转移支付"。

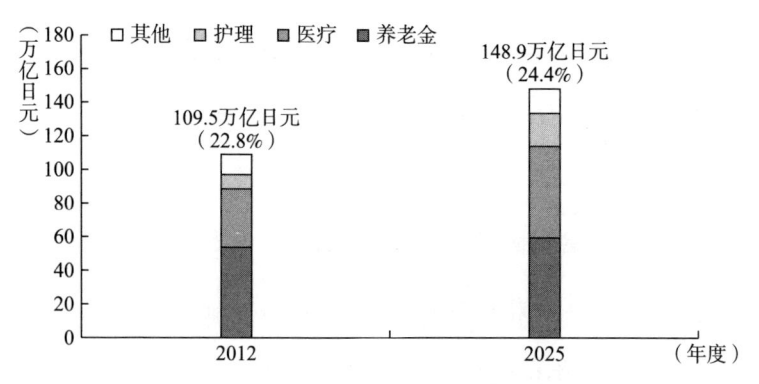

图 1-4　日本社会保障制度支出情况

资料来源：根据财务省「説明資料——社会保障の給付と負担等の見直しについて」制作。

《日本经济新闻》曾经报道，每名 65 岁及以上的日本老人都需要若干名在职劳动者供养。理论上，每位老年人的在职供养人口数量越多，养老保险的支出空间就越大。但是，如图 1-5 所示，供养老年人的在职劳动者呈现出减少趋势。如果这个趋势继续发展下去，要么需要提高在职劳动者的缴费（税）额度，要么需要减少每位老人的社会保障给付金额。

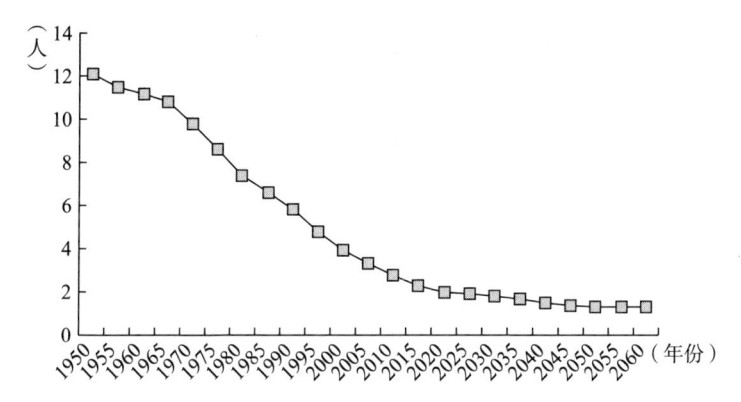

图 1-5　老年人的供养人口（15~64 岁人口供养 65 岁及以上人口）发展趋势

资料来源：内閣府「平成 28 年版高齢社会白書」。

（二）人口减少和空心化

人口减少带来的另一问题是空心化。空心化使公共基础设施的维持出现了困难。医院和道路等公共基础设施在居民生活中是非常必要的存在，人口越密集的地区，公共基础设施就越能实现有效供给。换言之，在人口较多的地区，维护公共基础设施的人均费用较低。那么，出现空心化或人口减少的地区情况是怎样的？这些地区虽然居民人数很少，但依然需要修建道路，也需要保持一定规模的医院以提供医疗服务。这样一来，人口减少导致维护公共基础设施的人均费用增多，规模经济难以发挥作用，公共基础设施的服务效率就会变低。

据《日本经济新闻》报道，2010 年，65 岁及以上老人超过半数的"界限集落"①的比重已经达 15.5%。②今后随着少子老龄化进程的进一步加快，这种"界限集落"也会越来越多。在这种背景下如何维护公共基础设施成为一个很大的课题。公共汽车线路等被取消，应该也是受到了空心化的影响。

另外，公共服务供给不足也会导致空心化。例如，据《东洋经济周刊》报道，因为育儿环境不够完善，千叶县铫子市的女性人口不断减少。③与之形成对比的是，因为鼓励雇用老年人工作，长野县某村的空心化得到了控制。

（三）劳动力人口不足

伴随少子老龄化进程，劳动力人口数量减少也成为问题。除了原材料以外，生产中还需要投入机器等生产设备和劳动力。劳动力人口减少，日本国内将很难生产出足够的商品或服务。企业在日本国内开展生产活动也将因劳动力不足而难以增加利润。并且，政府的所得税和保险费征缴也会因为劳动力人口减少而变得困难。可见，劳动力人口不足是个不容忽视的社会问题。

应对劳动力人口不足这一问题，通常有以下几个解决对策：一是提高出生率，二是引入外来移民，三是提高女性劳动参与率，四是提高老年人劳动参与率。

首先，提高生育率确实是增加劳动力人口的有效办法。但

---

① 指老年人比例达到一定极限（50%）的村落。——译者注
② 参见『日本経済新聞』2015 年 3 月 2 日「集落維持、行政に負担中心部集住、抵抗少なく」。
③ 参见『週刊東洋経済』2014 年 2 月 22 日「人口減少の真実」。

是，孩子数量增加并不意味着他们能马上成为劳动力。这一对策的效果要在很长一段时间后才能体现出来。因此，想要在短期内增加劳动力人口，该对策并非最优选择。

关于是否引入外来移民，日本国内正在展开讨论。欧洲各国向来在接收移民的问题上表现得较为积极，但近年来移民的涌入影响了欧洲国家的社会治安。引入移民带来了高昂的摩擦成本，欧洲地区的反对声音也越来越高。日本政府也担心移民会对国内劳动力造成挤出效应，因此在这一问题上表现得比较消极。

关于提高女性劳动参与率这一对策，如图1-6所示，日本女性特别是正处于育儿阶段的女性，其劳动参与率目前低于德国、瑞士等发达国家，仍有较大的上升空间。日本政府也正在积极地完善保育机构，希望能够让女性的育儿和工作实现平衡。

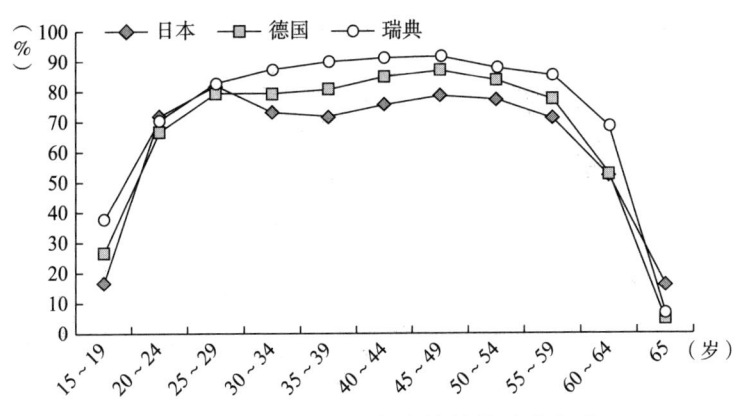

图1-6 不同年龄阶段女性的劳动参与率

资料来源：根据内阁府「男女共同参画白書平成29年版」制作。

关于提高老年人劳动参与率这一对策，本书将进行详细阐述。首先，如图 1-7 所示，与发达国家相比，日本老年人的劳动参与率目前已经处于较高水平了。

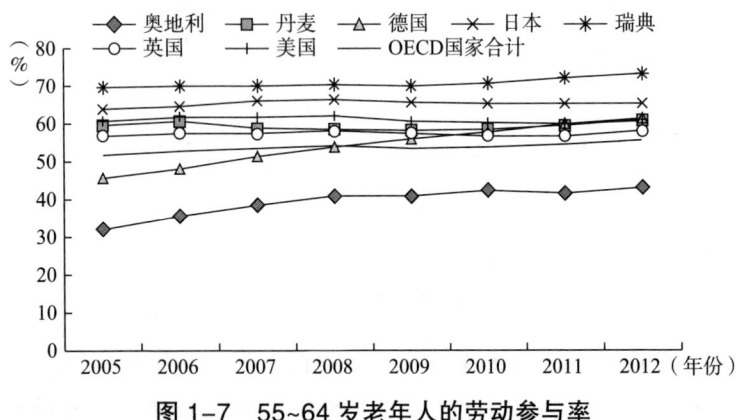

图 1-7　55~64 岁老年人的劳动参与率

资料来源：根据 OECD Statistics 制作。

另外，据《日本经济新闻》报道，目前 65 岁及以上老年人的劳动参与率为 19.9%，占就业总人口的 10%。日本老年人如此积极地参与劳动是有一定的政策背景的。[①]

日本社会养老金的领取年龄正逐渐从 60 岁提高到 65 岁。目前劳动者的退休年龄普遍为 60 岁，劳动者离开工作岗位后，在领取养老金之前的 5 年时间里，该如何获得收入、维持生活？可以说，出台政策鼓励老年人参与劳动是非常有必要的。这不仅是从国家层面确保劳动力的供给，也是从个人层面解决收入来源问题、维持生活开支。

---

① 参见『日本経済新聞』2014 年 2 月 18 日「高齢者が働く人の 1 割に　636 万人、世界に先行」。

为了确保老年人65岁之前的稳定就业环境，日本政府制定了《高年龄者雇用安定法》。该法律规定企业有以下几项义务：①废除退休制度，②延长退休年龄，③引入继续雇佣制度。同时要求企业在每年的6月1日上报雇用老年人的情况。

根据《2016年"高年龄者雇用情况"统计结果》，厚生劳动省以15.3万家企业的回答为依据，统计了政策的实施效果。结果显示，虽然不同企业在规模上存在差别，但是很多企业积极响应立法政策，98%~99%的企业采取了措施雇用老年人。

如表1-1所示，大多数企业选择了引入继续雇佣制度。企业之所以如此积极地采取措施雇用老年人，一方面是响应政策号召，另一方面也是解决自身的人才需求问题。企业担心将来出现人才短缺的情况，提前采取了行动积极雇用老年人。虽然日本正在讨论是否自2025年起要求企业义务履行上述政策，但似乎人们不再等待政策出台，而是不断推进对老年人的雇用。

表1-1 企业采取措施雇用老年人的情况

单位：%

措施	占比
引入继续雇佣制度	81.7
延长退休年龄	15.6
废除退休制度	2.7

资料来源：根据厚生劳働省「平成28年『高年齢者の雇用状况』集计结果」制作。

三 社会保障制度改革与老龄化

本节首先解释"银色民主主义"一词。随着老龄化程度加深，老年人口比例不断上升，在少数服从多数的民主主义制度下，老年人的偏好会反映在政治层面。一个人若想成为国会议员，就必须进行竞选演说，但如果选民不喜欢竞选演说的内容，那么竞选者就无法获得选民的选票，最终将会落选。

换句话说，如果想要当选，竞选者只要迎合选民的偏好，想方设法让选民为自己投票就可以了。因为老年人在选民中所占比重越来越高，为了当选，政客们通常会提出受老年人欢迎的政策，回避老年人反对的政策。

如图1-8所示，越是年轻的群体，在选民中所占比重越小。这可以理解为，在老龄化进程中老年人口不断增加，老年人口在选民中所占比重也相应上升了。这也可以进一步理解为，老年人更愿意参与选举投票，老龄化促使"银色民主主义"迅猛发展。

事实上，很多政策的调整受到了"银色民主主义"的影响。例如，社会医疗保险制度中70~74岁老年人的个人负担比例迟迟未能从10%调整到20%[①]；又如，消费税税率的提高在很长一段时间内都毫无进展。

---

① 70~74岁老年人在就医时，原则上本人需要负担20%的医疗费用，但在很长一段时间里都按照特例标准仅负担10%。

图 1-8　不同年龄段人口的投票率

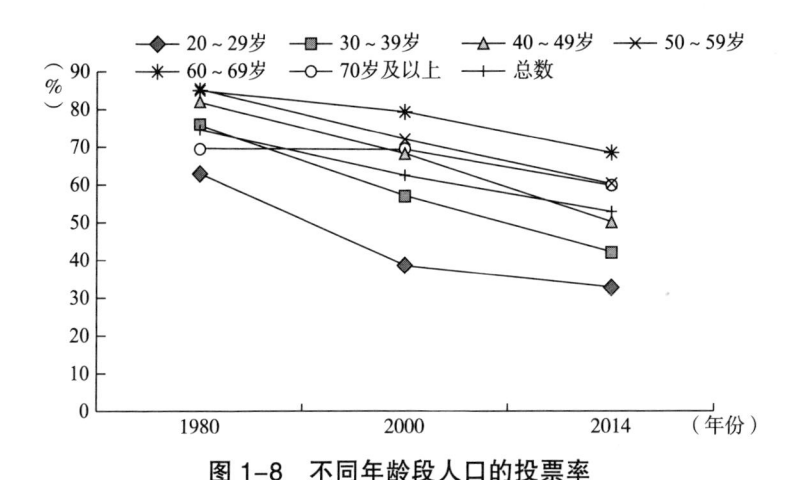

资料来源：根据津谷典子·樋口美雄（2009）『人口減少と日本経済』、総務省「国政選挙における年代別投票率について」制作。

关于养老金的政策调整也是如此。虽然政府希望从财政收支平衡的角度出发提高养老金的领取年龄，但由于老年人的强烈反对，新政策很长一段时间里未能实施。与之形成对比的是，其他国家早已提高了养老金的领取年龄。

根据巴罗等价定理的阐释，老年人也会关心子孙后代的生活。有些观点认为，尽管只有老人得到了当下的好处，但老人仍然会将获得的好处以遗产的方式转移给子孙后代。也有观点认为，与其今后让子孙后代遭受改革带来的痛楚，还不如从当下的老年人开始进行改革。总之，用"老年人增加→银色民主主义→仅有老年人得到好处"这种过于简单的思路解释问题是不全面的。

四 如何保障劳动力人口供给

如图 1-9 所示，即便采取政策提高女性和老年人的劳动参与率，日本的总人口数量还是会大幅度减少，劳动力人口依然会出现不足。虽然有人认为提高个别劳动生产率能够应对劳动力短缺状况，但是正如我们在服务行业和护理行业观察到的那样，劳动密集型产业是很难通过引进机器来提高生产率的。

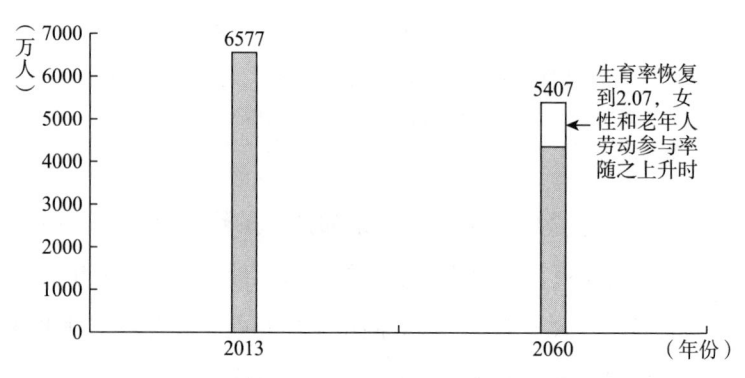

图 1-9 劳动力人口预测

（2013年：6577万人；2060年：5407万人，生育率恢复到2.07，女性和老年人劳动参与率随之上升时）

资料来源：根据内閣府「労働力人口と今後の経済成長について（「成長・発展」補足資料）」制作。

所以，笔者认为依然有必要增加日本的人口总量。特别是当社会保障制度中代际转移支付的需求较大时，通过增加人口来维持制度运行就更加必要了。要想增加人口总量，就必须以提高生育率为目标出台政策，帮助女性实现工作和育儿之间的平衡。不过，这些政策的实施也将增加政府的财政支出。

参考文献

OECD Statistics (http://stats.oecd.org/) 2017年7月11日参照。
加藤久和（2014）『社会政策を問う国際比較からのアプローチ』明治大学出版会。
厚生労働省「高年齢者雇用安定法の改正――「継続雇用制度」の対象者を労使協定で限定できる仕組みの廃止」(http://www.mhlw.go.jp/seisakunitsuite/bunya/koyou_roudou/koyou/koureisha/topics/tp120903-1.html) 2017年7月11日参照。
厚生労働省「平成27年人口動態統計月報年計（概数）の概況」(http://www.mhlw.go.jp/toukei/saikin/hw/jinkou/geppo/nengai15/dl/gaikyou27.pdf) 2017年7月11日参照。
厚生労働省「平成28年『高年齢者の雇用状況』集計結果」(http://www.mhlw.go.jp/stf/houdou/0000140837.html) 2017年7月11日参照。
財務省「説明資料――社会保障の給付と負担等の見直しについて」(http://www5.cao.go.jp/keizai-shimon/kaigi/special/reform/wg1/281013/shiryou1-1.pdf) 2017年7月11日参照。
『週刊東洋経済』2014年2月22日「人口減少の真実」。
総務省「国政選挙における年代別投票率について」(http://www.soumu.go.jp/senkyo/senkyo_s/news/sonota/nendaibetu/) 2017年9月12日参照。
総務省統計局「統計トピックスNo.97　統計からみた我が国の高齢者（65歳以上）――『敬老の日』にちなんで」(http://www.stat.go.jp/data/topics/topi970.htm) 2017年7月11日参照。
津谷典子・樋口美雄（2009）『人口減少と日本経済』日本経済新聞社。
内閣府「（参考）合計特殊出生率を2.07（人口置換水準）にするた

めには」

　(http://www8.cao.go.jp/shoushi/shinseido/meeting/kodomo_kosodate/k_28/pdf/ss9.pdf) 2017年7月11日参照。

内閣府「平成28年版高齢社会白書」

　(http://www8.cao.go.jp/kourei/whitepaper/w-2016/zenbun/28pdf_index.html) 2017年7月11日参照。

内閣府「平成29年版少子化対策白書」

　(http://www8.cao.go.jp/shoushi/shoushika/whitepaper/measures/w-2017/29pdfhonpen/pdf/sl-5.pdf) 2017年7月11日参照。

内閣府「男女共同参画白書平成29年版」

　(http://www.gender.go.jp/about_danjo/whitepaper/h29/zentai/index.html) 2017年8月24日参照。

内閣府「労働力人口と今後の経済成長について(「成長・発展」補足資料)」

　(http://www5.cao.go.jp/keizai-shimon/kaigi/special /future/0312/shiryou_02.pdf) 2017年7月11日参照。

『日本経済新聞』2014年2月18日「高齢者が働く人の1割に　636万人、世界に先行」。

『日本経済新聞』2015年3月2日「集落維持、行政に負担中心部集住、抵抗少なく。

第二章
困扰老年一代的社会问题之一：
老年人的生活困境

随着老年人口增加，各种各样的社会问题也随之产生，其中之一是食品荒漠（Food Deserts）问题。此外，"孤独死"问题也日趋严峻。例如，非独居老人一旦发生意外状况，一同居住的家人能够立刻察觉到异样并及时将老人送往医院救治，但单身住户并没有这样的机会。在单身老年人口不断膨胀的今天，这些问题究竟严重到什么程度？

一 食品荒漠问题

由于人口老龄化日益加剧，"食品荒漠"渐渐成为不容忽视的社会问题。"食品荒漠"一词由英文"Food Deserts"直译而来，指很难购买到新鲜食材的地区。① 也就是说，部分居住区域因难以采购到营养充足的食材而带来社会问题。年轻人往往可以驾车出行，即使生活环境周边没有商店，也不会对生活造成困扰。而老年人在步行和开车方面都存在障碍，出行并不容易。伴随人口老龄化，生活区域周边缺少售卖新鲜食材的场所逐渐带来严重的社会问题。图 2-1 展示了这类生活难题。

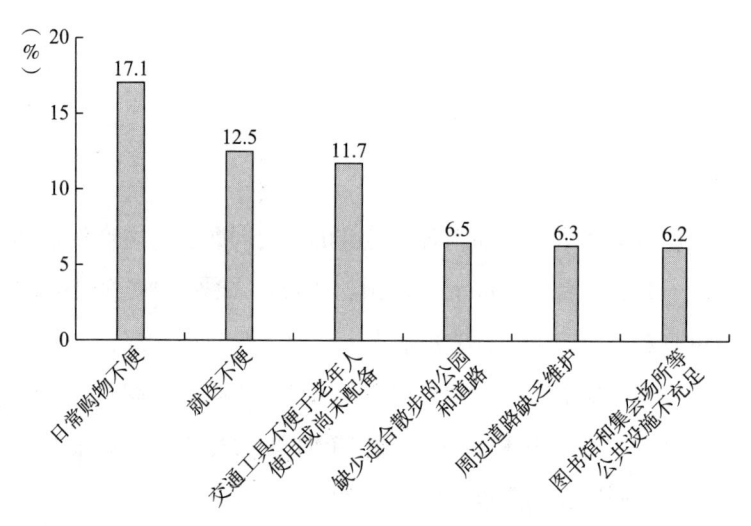

图 2-1　居住地区的不便之处

注：2010 年的调查为多选回答。
资料来源：根据内阁府「平成 26 年版高齢社会白書」制作。

本章以农林水产政策研究所公布（2010）的资料为依据，就食品荒漠问题做进一步说明。食品荒漠问题原本发生在欧美

---

① 農林水産政策研究所（2010）「食品アクセスセミナー第 1 回『フードデザート問題の現状と対策案』」。

国家。由于郊区新建了大型综合超市，城镇中心的商店纷纷破产倒闭，那些家中没有交通工具的贫困群体只能购买价格高昂、毫无营养的食品。

缺乏营养的饮食必然引起人们健康状况的恶化。英国已有数据显示，在食品荒漠地区居住的人，心脏病、肥胖症等疾病多发，健康状况恶化。美国也有报告指出，由于食品荒漠地区大多开设汉堡店等快餐店，当地的居民大多患有肥胖症，健康状况开始恶化。另外，除了不能购买到新鲜食材以外，食品荒漠地区还存在难以利用医院等公共设施的问题。

上述农林水产政策研究所的资料中，对水户市的食品荒漠状况进行了说明。在水户市，由于超市倒闭，居民无法购入新鲜食材而出现了食品荒漠问题。

与英美两国情况相似，日本的郊区也新建了许多大型综合超市，市中心商业街的商店因客流量减少而大量倒闭，进而产生了食品荒漠问题。

药师寺哲郎（2014）对郊区兴建超市导致市中心商业街衰落的原因进行了解析。其中提到，一方面，由于之前的《大规模零售店铺法》被废止，大型超市的选址都开始转向郊区，市中心的商业街和超市纷纷倒闭，店铺数量急剧减少，这是产生食品荒漠问题的原因之一；另一方面，因老龄化加剧，以前可以轻松出行的年轻人随着年龄的增长变成了出行困难的老人，从而产生了食品荒漠问题。图2-2从上述两个方面展示了食品荒漠问题产生的原因。

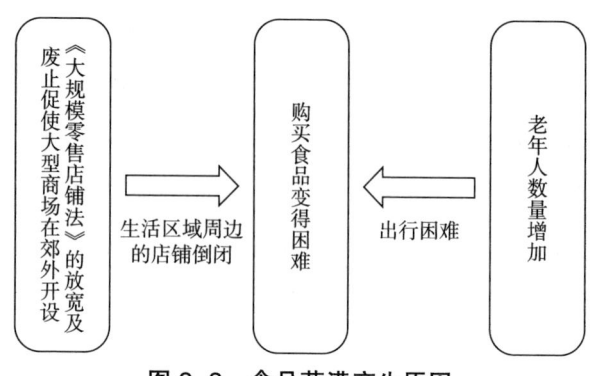

```
《大规模零售店铺法》的放宽及废止促使大型商场在郊外开设  →  生活区域周边的店铺倒闭  →  购买食品变得困难  ←  出行困难  ←  老年人数量增加
```

图 2-2　食品荒漠产生原因

资料来源：根据薬師寺哲郎（2014）「食料品アクセス問題と高齢者の健康」制作。

接下来以农林水产政策研究所在水户市的调查为依据，说明食品荒漠问题的现状。共有117位老人接受了调查。其中，有一半的老人表示，从家到商店的距离为1000~3000米。约半数的老人表示，他们的出行方式为步行或骑自行车。考虑到路程和出行方式，这些老人可以说过得十分辛苦。有一部分老人表示会驾驶私家车外出。因为老人驾车引发的交通事故较多，所以并不鼓励这样的出行方式。然而，在那些交通不便的地区，老人很难乘坐地铁或公共汽车出行，不得不依靠私家车。值得注意的是，在参与调查的老人中，约有四成是单身独居老人，3/4的老人没有私家车，因而很难实现远距离外出购物。

在食品荒漠地区，消费合作社或政府快递服务的利用率持续下降，便利店的利用频率却在不断增加。究其原因，除了便利店离家较近、方便购物以外，还因为人们越来越偏爱几乎无须烹饪的速食食品。对于单身住户来说，制作一人份的餐食是非常低效的，在便利店购买便当等方式则更容易解决吃饭问题。不过，这种饮食方式会导致营养失衡。根据调查数据进行的推测结果显示，半数以上的老人存在这种问题。营养失衡增加了患病的可能性，长此以往，医疗费用等支出也会增加，不仅包括个人的医疗费用负担，而且给社会医疗保险带来了很大压力。

那么，只要能够便捷地购买到新鲜食材，居民的营养状况就会改善吗？对此，岩间信之（2013）的研究得出了一个很有趣的结论：那些被当地社会孤立的老年人正在渐渐失去对饮食的兴趣，他们并不想用新鲜食材做饭。

《日本经济新闻》曾比较美国和日本的食品荒漠问题。[①] 在美国，约有 2350 万人难以购买到新鲜食材，面临食品荒漠问题。虽然在郊区开设的分店不断增多，城区内的店铺数量不断减少，但那些在郊区开设分店的企业也开始在市中心设立分店，这种举措可以说是一种社会贡献。

据推测，在日本，以老年人为主体的购物困难者约有 600 万人。对此，水户市利用"移动贩卖车"来帮助那些购物困难者。然而，对于那些没有社交意愿、凡事都嫌麻烦的家庭来说，水户市的这一政策并不能显著改善他们在购买食物方面的状况。

如图 2-3 所示，虽然从整体上看几乎不与邻里往来的人仅占老年人总数的 5.1%，但是这一群体男性在单身男性中的占

[①] 『日本経済新聞』2011 年 8 月 21 日「春秋」。

比高达17.4%，而这一群体女性在单身女性中的占比为6.8%，与男性形成了鲜明对比。这是因为女性通常负责家务劳动，平日与邻里多有往来，而忙于工作的男性则很少有机会与近邻交往。

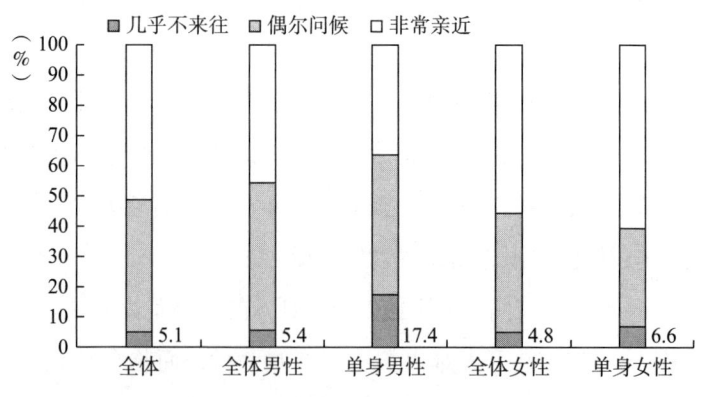

图2-3　邻里之间的交往程度

注：图中数字为选择"几乎不来往"的人数比重。
资料来源：根据内阁府「平成26年版高龄社会白书」制作。

二　"孤独死"问题

近年来，经常能够看到关于单身老人"孤独死"的新闻报道。这反映出生活方式的变化导致单身独居老人的数量增长。结城康博（2014）对"孤独死"的定义是："无人照顾、死于家中、遗体数日后被发现且无自杀或被杀痕迹的死亡状况。"结城康博（2014）指出，有关"孤独死"的定义目前并不统一，并对其他定义进行了说明。例如，阪神大地震时期，兵库县警方对"孤独死"进行了如下定义:"在无人看护的情况下死于临时住宅而被警方列为尸检对象的非正常死亡独居灾民。"以上两种定义有一个共同点,即单独居住。如图2-4所示,"孤独死"的人数正在上升。

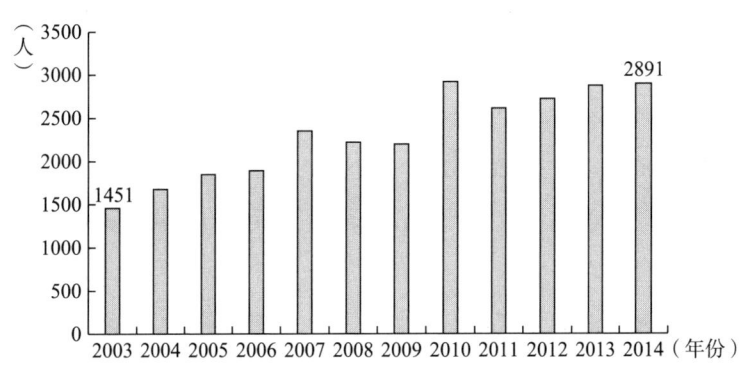

图2-4 东京23区死于家中的65岁及以上独居者数量

资料来源:根据内阁府「平成28年版高龄社会白书」制作。

"孤独死"事件逐年增加,这与老年人口比重的上升密切相关。单身老人数量增加的原因有很多,其中之一就是"熟年离婚"①。结城康博(2014)也指出"熟年离婚"正在增加,这导致了单身老人数量的增长②。另外,终身未婚率上升、不婚男女人数增加等都是"孤独死"事件增多的主要原因。

同时,正如上文"孤独死"定义中提到的那样,社会对老年人的孤立也是"孤独死"的重要原因。女性老年人通常与

---

① "熟年离婚",也称为"银发离婚",指子女刚刚成人、正在步入老年的夫妻离婚的现象。"熟年"指45~64岁。——译者注
② 『NEWSポストセブン』2016年2月1日「熟年離婚が25年で7割増『夫が見捨てられる常識』に変化も」。

邻里的交往较多，联系也较为密切，被周围群体孤立的可能性并不大。一旦发生异常情况，附近的居民能够及时察觉并赶到现场。即便老人在家中晕倒，也极有可能被及时发现而救回一命。但是，男性老年人由于忙于工作，与邻里的交往较少。他们发生意外时，周围人很难及时察觉并赶去支援，因发现太晚而耽误救治的情况时有发生。

漫画 Help Man 中描绘了这样的场景：某单身女性在家中晕倒后被人发现并得到救治。① 这位女性之所以被发现，正是因为她经常参加当地的志愿者活动，与周围的人联系密切，没有被社会孤立。

在人口老龄化进程不断加快、单身家庭不断增多的社会环境下，与人保持交往是社会安全网的重要一环。民生委员就是发挥联结作用、帮助人们维持社会交往的重要岗位（见图2-5）。

任命人数 230199人	缺少人数 3712人

规定人数233911人

图 2-5　民生委员及儿童委员人数

注：数据截至2014年末。
资料来源：根据厚生劳働省「民生委員・児童委員参考データ」制作。

民生委员是厚生劳动大臣根据《民生委员法》任命的临时地方公务员，迄今已有90多年的历史。为增进社会福利，民生委员从当地居民的立场出发，为居民提供有关生活和福利的

---

① くさか里樹（2011）『ヘルプマン！』vol.17 講談社。

全方位咨询及援助活动。[①] 民生委员还兼任儿童委员，为育儿期和孕期女性提供咨询服务，在当地居民的生活中扮演着极为重要的角色。民生委员的具体工作包括对老年人进行走访调查、发放紧急联络卡片等（见图2-6）。

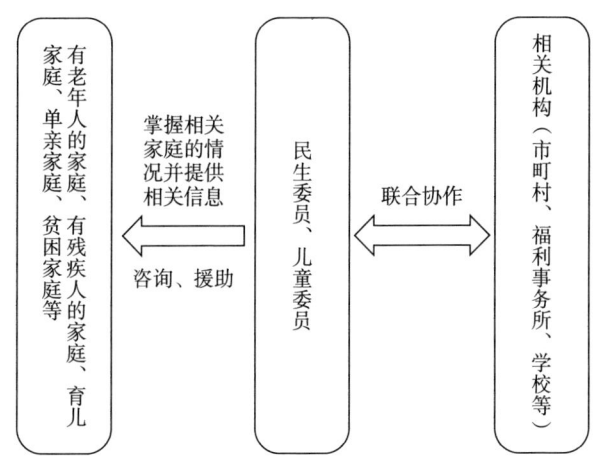

图2-6　民生委员的职责

资料来源：根据政府広报オンライン「ご存じですか？地域の身近な相談相手『民生委員・児童委員』」制作。

但民生委员是作为志愿者无偿参与劳动的，很少有人愿意担任民生委员，所以常年面临人手不足的问题。

发挥地区社会力量与那些被社会孤立的单身老人保持联系是预防"孤独死"的对策之一。这就要求当地社会清楚地了解哪些人是单身老人、这些老人住在哪里。然而，《个人信息保

---

① 政府広報オンライン「ご存じですか？地域の身近な相談相手『民生委員・児童委員』」。儿童委员负责提供育儿相关咨询和支援服务，民生委员兼具儿童委员的职能。

护法》成为开展此项工作的障碍。

《个人信息保护法》第23条规定："处理个人信息的相关主体……未经本人允许，不得将个人信息泄露给第三方。"结城康博（2014）指出，在这部法律实施以前，即使没有经过本人的同意，民生委员也可以收集到个人信息。现在《个人信息保护法》的实施使通过收集单身老人信息来预防"孤独死"的对策变得困难。为了解决这一问题，有的自治体规定，在维护《个人信息保护法》的同时，允许自治体向民生委员提供特定年龄段老人的信息。在这种情况下，各自治体的措施也存在差异。

如结城康博（2014）所述，除了政府提供的援助，民间支援对于防止"孤独死"的效果也是显著的。具体措施包括收集垃圾时顺便挨家挨户访问、送报员对报纸收取情况进行检查、"养乐多妈妈"①进行日常巡视等。另外，《日本经济新闻》报道，近年来有很多以老年人为目标的诈骗案件，但也有通过地区社会力量协作将老人救出陷阱的案例。②

这里对地域综合支援中心稍做说明。地域综合支援中心的职责包括促进老年人健康，提高保健、福利和医疗水平，为居民的安定生活提供必要支持和援助等。③具体来说，包括有关

---

① "养乐多妈妈"（Yakult Lady）是指养乐多公司的家庭配送员，她们身着统一制服，送货上门的同时还会和顾客聊家常、普及健康常识等。该销售模式于1963年在日本创立。——译者注
② 『日本経済新聞』2014年4月22日「高齢者を悪質商法から救った『地域の見守り』」。市消费生活中心、民生委员和地域综合支援中心共同协作，让老人避免遭受黑心商家的坑害。
③ 西宫市社会福祉事业团「地域包括支援センターとは」。

居家护理的咨询、护理保险服务咨询、护理预防给付咨询。特别值得注意的是护理预防给付的相关问题。根据最新修订的《护理保险制度》，各自治体可以因地制宜确定给付水平，各自治体之间可能会呈现一定的差别。

三　未来的老年人困境

如图 2-7 所示，据调查，把自己家作为理想临终场所的老年人比重最高。然而，几乎没有老年人愿意以"孤独死"的方式迎来死亡。为帮助老年人实现在家中安心离去的愿望，必须着手制定相关政策。另外，老年人面临的问题并不仅仅是日本国民的问题，在日本居住的外国老年人也面临这些问题。外

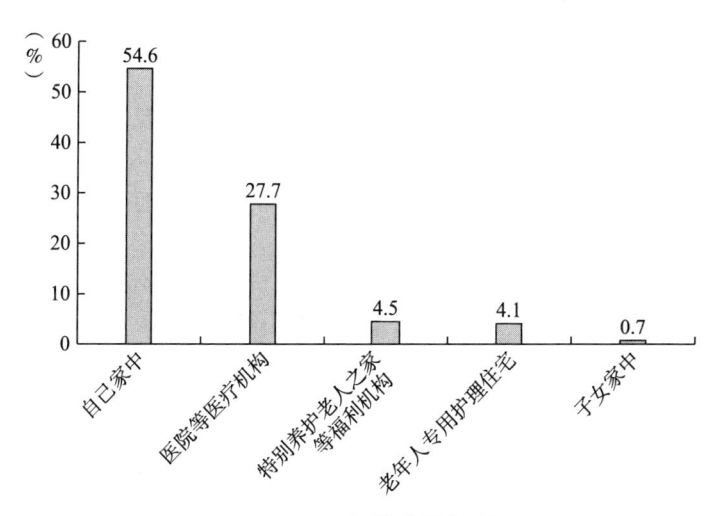

图 2-7　理想的临终场所

资料来源：根据内阁府「平成 26 年版高龄社会白书」制作。

国老年人更容易因为语言不通而被社会孤立[①],应为他们提供多种多样的支持及援助。

参考文献

岩間信之（2013）「フードデザート問題の現状と課題」地理・地図資料
　　（https://www.teikokushoin.co.jp/journals/geography/pdf/201301g2/03_hsggbl_2013_01g2_p03_p06.pdf）2017 年 7 月 9 日参照。
くさか里樹（2011）『ヘルプマン！』vol.17 講談社。
厚生労働省「民生委員・児童委員参考データ」
　　（http://www.mhlw.go.jp/bunya/seikatsuhogo/minseiiin01/01.html）2017 年 7 月 9 日参照。
政府広報オンライン「ご存じですか？地域の身近な相談相手『民生委員・児童委員』」
　　（http://www.gov-online.go.jp/useful/article/201305/1.html）2017 年 7 月 9 日参照。
内閣府「平成 26 年版高齢社会白書」
　　（http://www8.cao.go.jp/kourei/whitepaper/w-2014/zenbun/26pdf_index.html）2017 年 7 月 9 日参照。
内閣府「平成 28 年版高齢社会白書」
　　（http://www8.cao.go.jp/kourei/whitepaper/w-2016/zenbun/28pdf_index.html）2017 年 9 月 2 日参照。
西宮市社会福祉事業団「地域包括支援センターとは」
　　（http://nishinomiya-fukushi.or.jp/data/s06_houkatu/s06_service/index.php）2017 年 7 月 9 日参照。
『日本経済新聞』2011 年 8 月 21 日「春秋」。

[①] 『日本経済新聞』2015 年 1 月 24 日「高齢外国人孤立させない（関西の羅針盤）第 7 章アジアと生きる（5）」。

『日本経済新聞』2014年4月22日「高齢者を悪質商法から救った『地域の見守り』」。
『日本経済新聞』2015年1月24日「高齢外国人　孤立させない（関西の羅針盤）第7章　アジアと生きる（5）」。
『NEWSポストセブン』2016年2月1日「熟年離婚が25年で7割増『夫が見捨てられる常識』に変化も」
（https://www.news-postseven.com/archives/20160201_381614.html）2017年7月10日参照。
農林水産政策研究所（2010）「食品アクセスセミナー第1回『フードデザート問題の現状と対策案』」
（http://www.maff.go.jp/primaff/meeting/gaiyo/seminar/2010/0617.html）2017年7月9日参照。
薬師寺哲郎（2014）「食料品アクセス問題と高齢者の健康」農林水産政策研究所
（http://www.maff.go.jp/primaff/meeting/kaisai/2014/pdf/20141021.pdf）2017年7月9日参照。
結城康博（2014）『狐独死のリアル』講談社現代新書。

第三章
困扰老年一代的社会问题之二：
老年人的护理困境

日本人的平均寿命不断延长，已经达到世界最高水平。长寿原本是一件令人欣喜的事情，但也带来了一系列的社会问题，老年人的护理问题就是其中之一。随着寿命延长，老年人患上认知症的可能性提高，在这种情况下老人的独立生活会变得越来越困难。患有认知症的老人为了维持正常生活，不得不接受家人的看护或利用护理服务。然而，目前的护理服务还存在诸多问题。本章将对老年人的护理问题进行说明。

一 日本老年人患认知症情况

根据日本政府信息网的定义，认知症指衰老引发的疾病，因脑细胞死亡，"记忆力和判断力下降，虽然意识正常，但在社会生活和人际交往方面存在障碍（大约持续 6 个月以上）"。①

如图 3-1 所示，日本目前每 6 名老年人中就有 1 名认知症患者，随着老龄化的加剧，今后认知症患者的比重还会继续增加。

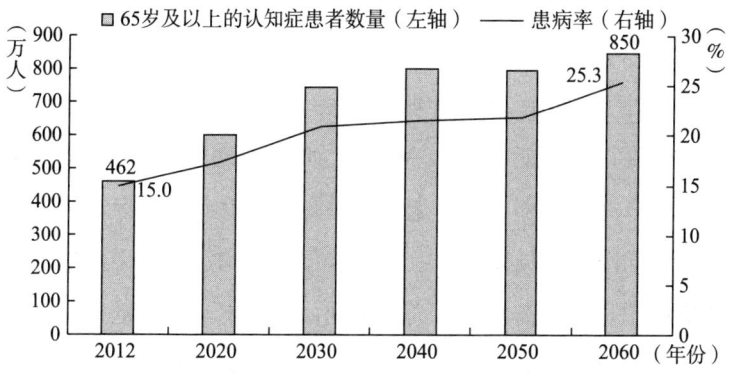

图 3-1 认知症患者人数的发展趋势

资料来源：根据内閣府「平成 28 年版高齢社会白書」制作。

认知症有不同种类，表 3-1 对认知症的种类进行了整理。

表 3-1 认知症的种类

①阿尔茨海默病（占总体的 60%）	大脑中异常蛋白质的沉淀导致脑功能的恶化
②血管性痴呆（占总体的 20%）	脑血管堵塞或脑出血导致大脑缺氧，引起脑细胞死亡

---

① 政府広報オンライン「もし、家族や自分が認知症になったら 知っておきたい認知症のキホン」。

续表

③路易体痴呆（占总体的10%）	与阿尔茨海默病一样，也是由大脑中异常蛋白质引发的疾病，主要症状是出现幻觉

注：此表是根据各年龄段的固定认知症患病率推算制作的。如果患病率上升，2060年65岁及以上的认知症患者将高达1154万人，患病率为34.3%。

资料来源：根据認知症ネット「認知症の種類」、東京都「知って安心認知症」制作。

另外，认知症患者和健康人之间还存在一种中间状态，称为"轻度认知功能损害"（MCI）。如果将轻度认知功能损害患者也计算在内，那么日本老年人中每3人就有1人存在某种程度的认知障碍（见图3-2）。虽然轻度认知功能损害患者的认知功能低于正常人的水平，尚未达到认知症水平，但他们往往被看作认知症的"预备军"。因为，轻度认知功能损害患者中有一半的人最终成为认知症患者。[①]

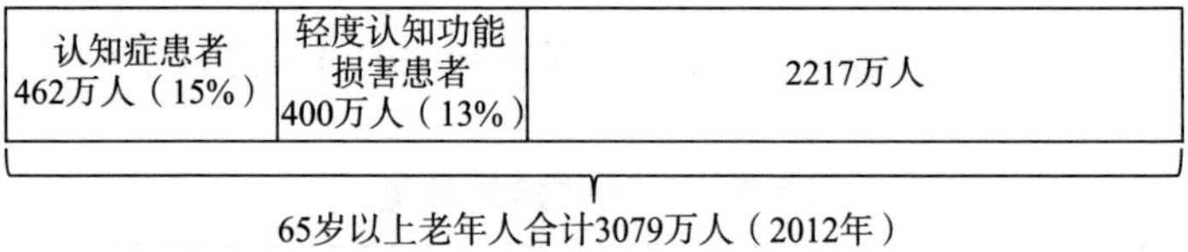

认知症患者462万人（15%）	轻度认知功能损害患者400万人（13%）	2217万人

65岁以上老年人合计3079万人（2012年）

图3-2 认知症患者与轻度认知功能损害者

资料来源：根据厚生労働省「認知症施策の現状について」制作。

---

① 『デイリースポーツ』2016年3月14日「蛭子能収　軽度認知障害から1年で改善」。

二 老龄化进程中认知症带来的社会问题

老年认知症患者的增加会给社会带来损失,并不是大众希望看到的。例如,老年认知症患者的偷盗事件变得越来越多。当然,少子老龄化社会中老年人数量持续增长,老年盗窃犯数量也随之增长,其中包括老年认知症患者偷盗或伪装成老年认知症患者进行盗窃的案例。仅自选商场和食品超市每年因偷盗而产生的损失就高达935亿日元。[1]

老年人犯罪增加也有其他原因。本节以大山典宏(2014)的研究为基础进行说明。许多老年人因生活困苦、食不果腹,迫不得已偷窃。因为监狱里提供食物,一些老年人为了生存,故意犯罪。然而,入狱的人出狱后往往很难实现再就业。老年人原本就很难实现再就业,再加上有入狱经历,摆脱贫困变得更加困难,会再度走上犯罪的道路。

另外,老年认知症患者的增多也导致交通事故增加。老年人引发的交通事故的比重有上升趋势,其中部分事故疑似由认知症发作引起。例如,在高速公路上逆行引起车辆相撞,汽车起步太快冲进了店铺或住宅等。[2] 现在75岁以上的驾驶员在更新驾照的时候都必须进行认知功能检查。若驾驶员有患认知症

---

[1] 『週刊ダイヤモンド』2015年2月21日「3人に1人がヤバい認知症社会」。
[2] 『産経新聞』2016年12月14日「認知症交通事故、過去3年間で216件増加傾向」。

的可能性，经医生诊断确认后，就会被吊销驾照。[①] 然而，老年人引发的交通事故仍在增长（见图 3-3），原因在于，即便没有罹患认知症，老年人开车时的判断力也在下降；还有一部分老年人患有认知症，但在接受检查时未被及时发现。

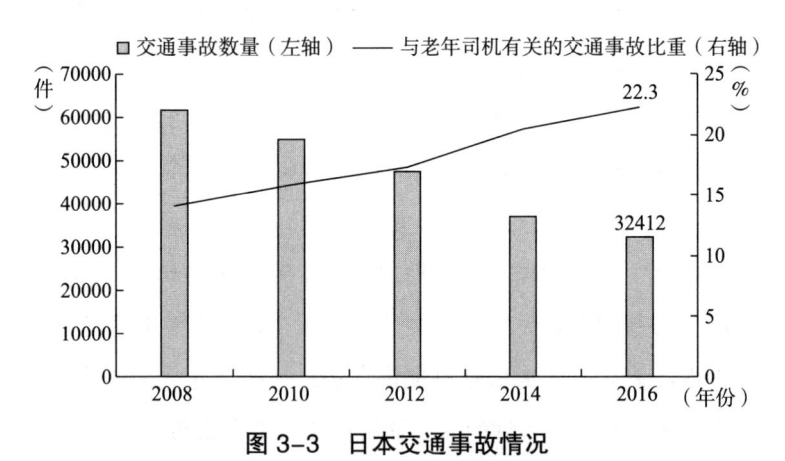

图 3-3 日本交通事故情况

资料来源：根据警视厅「防ごう！高齢者の交通事故！」制作。

大家也许听说过"垃圾屋"这个词。在一些人的住处，不但室内堆满了垃圾，庭院和公共通道也被垃圾占据。这种居住环境极为恶劣的住宅被称为"垃圾屋"。岸惠美子（2012）认为，"垃圾屋"是自我忽视（self-neglect）的结果。所谓自我忽视，就是"放弃照顾自己"的意思。一旦放弃打扫住宅，"垃圾屋"也就产生了，而放弃打扫多是因为认知症。岸惠美子（2012）认为，通过观察老年人如厕状态可以判断其是否患

[①] 『東京新聞』2016 年 11 月 12 日「認知機能チェック　厳格化、課題多く来春、改正道交法施行」；一般社団法人全日本指定自動車教習所協会連合会「認知機能検査の方法及び内容」。

有认知症，如果衣物等掉入便器中，那么老人就有可能已经患病。另外，在访问老人时可以发现一些认知症的症状，如岸惠美子提到老年人错把浴盐倒入待客的茶杯等案例。

三 护理问题

如果可以有效地利用护理服务，患有认知症的老年人就有可能实现独立生活。老人白天在护理机构里利用日间照料服务，可以解决那些日常生活中感到困难的事情。如果老人的亲属能够每周上门照顾他们几次，那么老年认知症患者不利用日间照料服务也可以独立生活。

不过，老年认知症患者可以独自生活仅限于轻度患者。一旦病症加重，老年认知症患者的独立生活就会变得非常困难，必须经常接受护理。换言之，让老人住在机构接受护理服务就变得很有必要。

在社会福利法人等运营的特别养护老人之家里，老人可以花较少的钱接受机构的护理服务。但是，这种特别养护老人之家的数量在全国范围内仍不充足。造成这种现状的原因有两个：一是特别养护老人之家的数量增长跟不上老人的增长速度；二是因为新建特别养护老人之家会加重财政负担，政府难以大量修建。

因为很多老人正在等候入住特别养护老人之家，日本修订了护理保险制度，规定需要护理等级为3级以下的老人不能入住特别养护老人之家，于 2015 年 4 月施行。①需要护理等级是指老年人对护理服务的需求水平，分为需要支援 1 级至 2 级和需要护理 1 级至 5 级。独立生活越困难如认知症加重时，需要护理等级就越高。

如果不能利用机构的护理服务，那么老年人可以居家利用的日间照料服务就变得必不可少。虽然接受居家护理服务需要支付一定的费用，但护理保险会负担大部分费用，利用者实际上只需要支付总费用的 1/10。不过，护理保险的给付额度是根据需要护理等级确定的，需要护理等级越低，护理保险的给付额度也就越低，超出给付额度的部分需要利用者本人负担。

如果连居家护理服务也不能利用，老年人就不得不依靠亲属的护理了。家人为了照顾老人而辞掉工作，最终导致家庭陷入贫困的案例时有发生。如图 3-4 所示，日本平均每年有 10 万人因照看老人而离职。另外，家庭护理还面临被要求赔偿损失的风险。

曾经发生过一起老年认知症患者在外游走时被火车撞倒身亡的事件。事情发生后，铁路公司向这位老人的亲属提出了赔偿要求，法院一审判决老人亲属赔偿铁路公司的损失，最高法院最终判定其亲属不负有赔偿责任。这起事件引发了有关老年认知症患者护理方式的讨论。②

---

① 『日本経済新聞』2017 年 4 月 1 日「36.6 万人特養待機、入所厳格化で減」。因为特别养护老人之家的入住条件较之前更为严格，2016 年等待入住的老人比上年减少了三成，约为 36.6 万人。
② 『日本経済新聞』2016 年 3 月 1 日「認知症男性の徘徊事故、家族の賠償責任認めず最高裁判所 JR 逆転敗訴」。

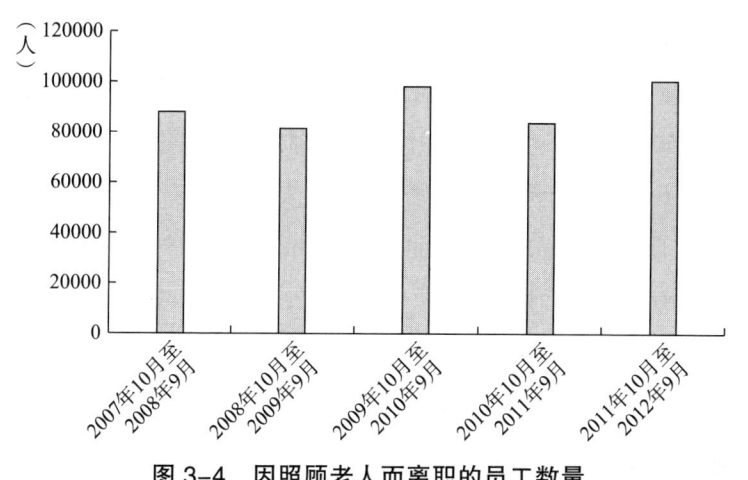

第三章 困扰老年一代的社会问题之二：老年人的护理困境

图 3-4 因照顾老人而离职的员工数量

资料来源：根据内阁府「平成 26 年版高齢社会白書」、総務省「平成 24 年就業構造基本調査」制作。

如果出现这种损害赔偿责任，照顾老人的家人稍不注意，老人四处走动时卷入类似事故，亲属就有可能面临赔偿责任，并可能限制老人的自由。事实上，确实有很多老年认知症患者被锁在家中不能自由活动的实例。[①] 有一档围绕护工介绍护理工作的节目，其主张是尽量不限制老人的自由。[②] 护工不会锁上大门，当患者独自外出走动时，护工会在不打扰老人的前提下观察和保护他们，偶尔进行提醒。这种尽可能给予老人自由的护理方式和限制老人自由的护理方式形成了鲜明的对比。不过，节目中也提到了老人走失受伤的事例。郊游中，老人获准自由活动，而后走失，找到时老人已经受伤了。尽管我们不想

[①] 特定非营利活动法人全国抑制废止研究会「身体拘束とは」。
[②] NHK 出版（2013）『DVD プロフェッショナル仕事の流儀　闘う介護、覚悟の現場』。

限制认知症患者的行动自由，但往往也会因此发生老人受伤等事故。从这一点来看，找到合适的护理方式并不容易。

如果老人不能在机构中接受护理服务，那么家人的照顾就必不可少。但是，家人对于照顾老人之事也有所犹豫。一是因为工作和照顾老人经常产生冲突，二是因为照顾老人是重体力劳动。通常情况下，白天老人在日间照料中心接受护理服务，晚上回到家中由家人照顾。实际上，许多老人晚上也会留在日间照料中心过夜。这种情况并不在护理保险制度的给付范围内，是需要额外付费的。对于老年患者的家人来说，让老年人在此留宿和完全入住护理机构的效果实际上是一样的，所以即使自己负担的费用多一些也依然有这方面的需求。

然而，这种留宿服务存在护理质量问题。[1] 由于留宿服务并不在护理保险制度的覆盖范围内，所以目前还没有针对其制定完善的管理制度。老人的尿布不能及时更换、很多老人挤在狭小的空间里等情况时有发生。从安全的角度看，这已经成为很大的问题，护理行业也在自主制定管理规范。另外，"贫困商业"指为享受低保的人群提供狭小的住房来收取房租和生活费。据说这种"贫困商业"在护理行业中也存在。[2]

护理产业的工资水平一般比较低。从有关护理机构运营状况的调查中也可以发现，由于工资水平过低，即使护理机构发

---

[1] 『週刊ダイヤモンド』2014 年 11 月 8 日「介護のムダ高齢者ビジネスのカラクリ」;『日本経済新聞』2015 年 3 月 17 日「『お泊まりデイ』、介護サービスのすき間埋める」。
[2] 長岡美代（2015）。

布招聘信息也很难招募到足够的员工。① 伊藤周平（2007）、冲藤典子（2010）等对护理产业的工资水平进行了说明，日本全产业的平均月工资为 32.8 万日元，而福利机构护工的平均月工资只有 21.6 万日元。护理价格是政府以护理收费的形式确定下来的，因此很难通过提高护理服务价格的方式来增加从业者的收入。对于不使用护理保险制度、形式自由的护理服务，可以调整价格，但大多数护理需求适用护理保险。

如果上调护理收费标准，为了维持护理保险制度的正常运营，保险费和税金会随之增加。自 2000 年 4 月护理保险制度实施以来，护理总费用持续增长，目前已高达 9 万亿日元。② 考虑到控制护理保险支出的总体目标，通过提高护理收费标准来提高护工工资待遇的设想大概难以实现。

此外，因为收入过低而生活困难的护理行业从业人员有时会从事一些副业，中村淳彦（2013）曾指出，护理行业的部分女员工也是性工作者。还有一些调查的结果表明，护理市场还存在虐待老人这种职业道德沦丧的情况。③ 在思考护理服务供给环节的种种问题时，除了员工对工资待遇的不满之外，还需要进一步探究其他原因。

那么，接受护理服务的老年人一个月究竟需要多少费用呢？如表 3-2 所示，住在特别养护老人之家大约需要 10 万日

---

① 参见中村淳彦（2013）。中村淳彦引用《平成 23 年护理劳动现状调查》的结果进行了说明。
② 厚生労働省「公的介護保険制度の現状と今後の役割」。
③ 结城康博（2008）以厚生労働省「平成 25 年度　高齢者虐待の防止、高齢者の養護者に対する支援等に関する法律に基づく対応状況等に関する調査結果」为参照进行了研究。

元，这是因为设施使用费和住宿费用都比较便宜。不过，正如上文提到的那样，特别养护老人之家的人数已经达到上限，很难满足所有老人的入住需求。于是，老人不得不选择护理型收费老年公寓或者服务型老年住宅。但是，利用这两种机构都需要高昂的费用。除了每个月约18万日元的设施使用费以外，老人还需要支付护理服务费用中的个人负担部分。另外，入住老年公寓时还需要缴纳押金等，可以说入住门槛相当高。因为服务型老年住宅的护理服务采取外包形式，所以房租价格高低不等，服务质量也参差不齐。

表 3-2 护理机构的入住费用

	名称	月收费标准	特征
公营	特别养护老人之家	5万~15万日元	费用负担较轻，需要护理等级较低的老人难以入住
民营	护理型收费老年公寓	15万~50万日元	入住时需要高额的押金，提供护理服务
民营	服务型老年住宅	5万~25万日元	入住时不需要押金，老人可以使用外包的护理服务

资料来源：参考SUUMO（スーモ）介護ホームページ「高齢者向け住宅ガイド」制作。

四 未来的护理方式

如今，帮助老年人独立生活的服务方式可以说越来越多样化。例如，当老年人与子女异地居住时，通信公司可以通过手

第三章　困扰老年一代的社会问题之二：老年人的护理困境

机服务确认老年人的安危；[1]当子女想找人代替自己去看望老人时，西科姆等安保公司可以提供安全服务；[2]生活协同组合（消费合作社）联合会等可以提供送餐服务。[3]除了政府提供的服务，民间力量也可以为老年人的独立生活提供安全服务。

近年来互联网技术快速发展，老年人无须外出，可以通过网上下单购物。不过，有时老年认知症患者会下错订单，对此也必须考虑相应的对策。[4]

各地政府还会为老年认知症患者提供一些特色服务，如发放纸尿裤等。[5]这些服务可以减少老年人的费用负担，或许也会减轻患者家属的照料压力。

参考文献

一般社団法人全日本指定自動車教習所協会連合会「認知機能検査の方法及び内容」
(http://www.zensiren.or.jp/kourei/what/what.html#what02) 2017年7月6日参照。
伊藤周平 (2007)『介護保険を問いなおす』筑摩書房。
沖藤典子 (2010)『介護保険は老いを守るか』岩波新書。
NTT Docomo ホームページ「つながりほっとサポート」
(https://www.nttdocomo.co.jp/service/tsunagari_hotto_support/) 2017年7月10日参照。

---

[1]　NTT Docomo ホームページ「つながりほっとサポート」。
[2]　セコム株式会社ホームページ「セコム・ホームセキュリティ」。
[3]　日本生活協同組合連合会ホームページ「コープ・生協のお弁当宅配」。
[4]　参见くさか里樹 (2008)『ヘルプマン！』vol.11, 书中举了一个例子，老人在百货商场下错订单，但把这件事忘记了。
[5]　参见海津市ホームページ「介護」。

NHK出版（2013）『DVDプロフェッショナル仕事の流儀　闘う介護、覚悟の現場』。

大山典宏（2014）『隠された貧困――生活保護で救われる人たち』扶桑社新書。

海津市ホームページ「介護」

(http://www.city.kaizu.lg.jp/life-guide/welfare-health/care/living-support.html) 2017年7月10日参照。

岸恵美子（2012）『ルポゴミ屋敷に棲む人々』幻冬舎新書。

くさか里樹（2008）『ヘルプマン！』vol.11 講談社。

警視庁「防ごう！高齢者の交通事故！」

(http://www.keishicho.metro.tokyo.jp/kotsu/jikoboshi/koreisha/koreijiko.html#cmskoureijiko) 2017年7月6日参照。

公益財団法人介護労働安定センター「平成23年度介護労働実態調査」

(http://www.kaigo-center.or.jp/report/) 2017年7月10日参照。

厚生労働省「公的介護保険制度の現状と今後の役割」

(http://www.mhlw.go.jp/file/06-Seisakujouhou-12300000-Roukenkyoku/201602kaigohokenntoha_2.pdf) 2017年7月10日参照。

厚生労働省「認知症施策の現状について」

(http://www.mhlw.go.jp/file/05-Shingikai-12601000-Seisakutoukatsukan-Sanjikanshitsu_Shakaihoshoutantou/0000065682.pdf) 2017年7月6日参照。

厚生労働省「平成25年度　高齢者虐待の防止、高齢者の養護者に対する支援等に関する法律に基づく対応状況等に関する調査結果」

(http://www.mhlw.go.jp/stf/houdou/0000072782.html) 2017年7月10日参照。

『産経新聞』2016年12月14日「認知症交通事故、過去3年間で

216件増加傾向」。
『週刊ダイヤモンド』2014年11月8日「介護のムダ高齢者ビジネスのカラクリ」。
『週刊ダイヤモンド』2015年2月21日「3人に1人がヤバい認知症社会」。
SUUMO（スーモ）介護ホームページ「高齢者向け住宅ガイド」
　　（https:///kaigo.suumo.jp/guide/sst）現在は閉鎖。
政府広報オンライン「もし、家族や自分が認知症になったら　知っておきたい認知症のキホン」
　　（http://www.gov-online.go.jp/useful/article/201308/1.html）2017年7月6日参照。
セコム株式会社ホームページ「セコム・ホームセキュリティ」
　　（https://www.secom.co.jp/homesecurity/plan/seniorparents/）2017年7月10日参照。
総務省「平成24年就業構造基本調査」
　　（http://www.stat.go.jp/data/shugyou/2012/）2017年7月10日参照。
『デイリースポーツ』2016年3月14日「蛭子能収　軽度認知障害から1年で改善」。
『東京新聞』2016年11月12日「認知機能チェック　厳格化、課題多く　来春、改正道交法施行」。
東京都「知って安心　認知症」
　　（http://www.fukushihoken.metro.tokyo.jp/zaishien/ninchishou_navi/pamphlet.pdf）2017年7月6日参照。
特定非営利活動法人全国抑制廃止研究会「身体拘束とは」
　　（http://yokuseihaishi.org/）2017年7月7日参照。
内閣府「平成26年版高齢社会白書」
　　（http://www8.cao.go.jp/kourei/whitepaper/w-2014/zenbun/26pdf_index.html）2017年7月6日参照。
内閣府「平成28年版高齢社会白書」
　　（http://www8.cao.go.jp/kourei/whitepaper/w-2016/

zenbun/28pdf_index.html) 2017年7月6日参照。

長岡美代（2015）『介護ビジネスの罠』講談社現代新書。

中村淳彦（2013）『崩壊する介護現場』ベスト新書。

『日本経済新聞』2015年3月17日「『お泊まりデイ』、介護サービスのすき間埋める」。

『日本経済新聞』2017年4月1日「36.6万人特養待機、入所厳格化で減」。

日本生活協同組合連合会ホームページ「コープ・生協のお弁当宅配」（https://www.coop-takuhai.jp/haisyoku?utm_source=google&utm_medium=cpc&utm_campaign=adwords）2017年7月10日参照。

認知症ネット「認知症の種類」（https://info.ninchisho.net/type）2017年7月6日参照。

結城康博（2008）『介護　現場からの検証』岩波新書。

第四章
困扰老年一代的社会问题之三：老年人收入差距和流浪人口

本章将对老年人的收入差距问题进行说明。老年人的贫困问题与在职时期的贫困问题直接相关。如果在职时的收入不充足，那么退休后也会陷入贫困。当贫困的老年人没有收入，也得不到政府救助时，就会变得无家可归。如果无家可归的老年人无法获得完备的医疗服务，有时还会有生命危险。下文将对老年人的贫困问题进行详细分析。

一 老年人的收入情况

如图 4-1 所示，在老年家庭的收入构成中，养老金占比最大，接近七成。由于近年来老年人的就业比重持续上升，预计未来劳动所得占比也会有所上升。不过，考虑到老年人的体力逐渐衰退，劳动收入的增加是很有限的。所以对于老年人来说，养老金是防止他们陷入贫困的保障。

（1）不同世代家庭的收入比较

（2）老年家庭的收入构成

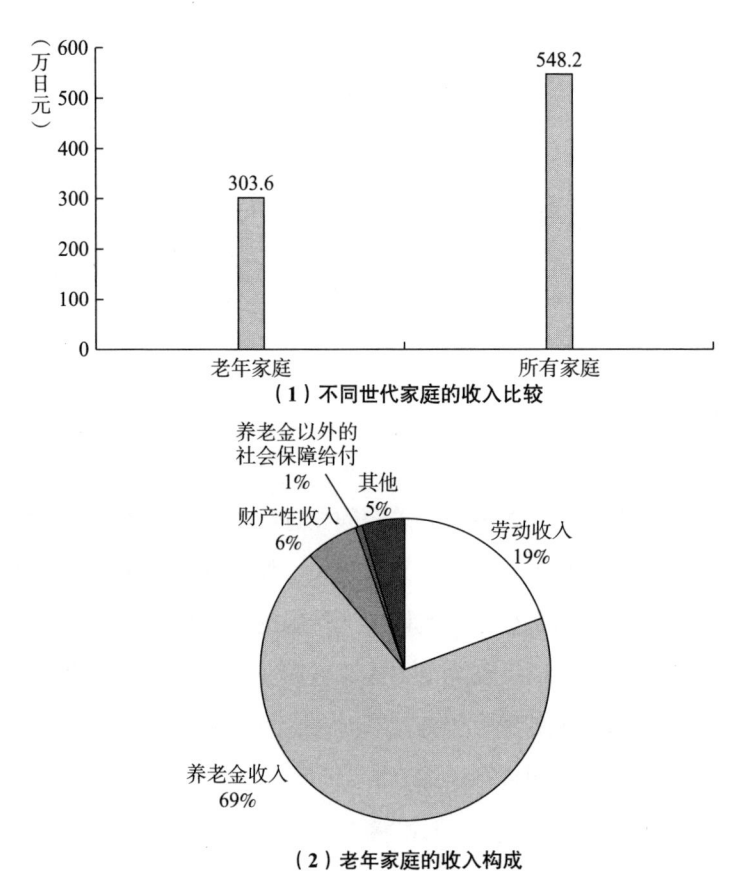

图 4-1 老年家庭的收入情况

资料来源：根据内阁府「平成 28 年版高龄社会白书」制作。

在日本，老年人的养老金收入是与其在职时期的参保缴费情况挂钩的。日本养老保险制度的最低缴费年限为 10 年，只有缴纳养老保险费超过 10 年的人，退休后才有资格领取养老金。就职于企业的劳动者还有厚生年金[①]，根据工资情况确定养老保险缴费金额，工资收入越高，缴纳的保险费金额就越高，退休后能够领取的养老金也就越多。换言之，如果在职时期没有丰厚的收入来缴纳养老保险费，那么退休后能够领取的养老金就会很少。

接下来分析日本的收入差距情况。从图4-2反映收入差距的基尼系数可以看出，年龄变大，收入差距也逐渐变大。基尼系数是衡量收入不平等程度的重要指标，数值越接近0说明收入越平等，数值越接近1说明收入越不平等。

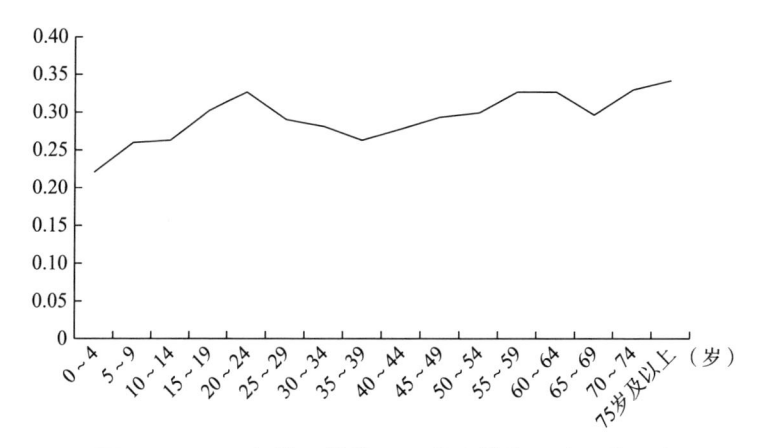

图4-2 不同年龄层的基尼系数（等价再分配收入）

资料来源：根据内阁府「平成29年版高龄社会白書」制作。

年轻时，工资水平与职业类别并没有太大的关系，年龄越大，工资水平的差距也就越大。收入差距的出现可能源自各种情况，比如，随着时间的推移，加薪的幅度呈现出差距，因企

---

① 相当于中国的企业职工养老保险制度。——译者注

业业绩不好而被迫失业等。虽然老年时可以领取养老金，但由于养老保险费的缴纳金额和可以领取的养老金金额是由年轻时期的就业状况决定的，老年人之间就会出现收入差距。虽然年老后依然有很多人仍在工作，但是工作的场所、职位等往往各不相同，有些人是公司的领导，有些人只能从事低收入的重体力劳动。

根据瑞穗信息综合研究所的《低收入老年人的现状及其需要的收入保障制度研究》，在老年家庭中，单身家庭的相对贫困率[①]较高。其中，单身老年男性的相对贫困率为38.3%，单身老年女性的相对贫困率为52.3%。从配偶关系来看，未婚者的相对贫困率更高，离婚者次之。未婚单身人口的贫困率较高，对于男性来说，在职时期因收入较低，失去了结婚的机会，这也是目前日本终身未婚率不断上升的原因之一。虽然近些年有关男女就业机会平等的呼声很高，但在过去女性很难获得一份稳定、与男性同工同酬的工作。

此外，由于结婚、养育子女而中断工作，离异老年女性的贫困率也较高。特别是在过去没有相关政策支持女性一边育儿一边工作，女性只能辞职。即使女性重新回到职场，也主要从事兼职、打工等非正式工作。

养老金的给付金额基本是由缴纳的保险费水平决定的，劳动者在职时不能获得充足的收入用于缴费，那么退休后也无法获得足够的养老金给付。单身者容易陷入贫困的另一个原因是

[①] 劳动者有收入但收入低于一定标准的状况被称为"相对贫困"。OECD将收入低于中位数50%的人数占总人数的比重作为相对贫困率。

第四章 困扰老年一代的社会问题之三：老年人收入差距和流浪人口

规模经济无法产生效应。可以通过计算等价收入[①]来进行解释。与两个人一起生活相比，一个人生活的平均家庭收入相对较低。两个人只需要1套家用电器、交1份电费，一个人生活依然会购买冰箱等家用电器、支付电费，但是这部分支出并不会减半，额外的生活成本便会增加。

日本的家庭平均储蓄额为1658万日元，65岁及以上老年家庭的储蓄额为2209万日元。如图4-3所示，储蓄目的中占比最高的是"为治病和护理做准备"，其次是"维持生活"。也就是说，人们的储蓄动机大多是为将来做准备。治病和利用护理服务是需要花钱的，但疾病和需要护理状态何时到来难以预测。大多数人认为进入高龄阶段距离患病和需要护理状态就不远了，所以要提前做些准备。如果社会保障制度足够完善，人们在

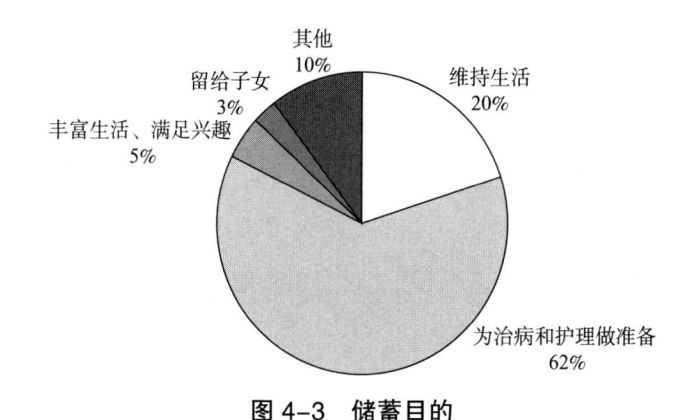

图4-3 储蓄目的

资料来源：根据内阁府「平成29年版高齢社会白書」制作。

[①] 等价收入是指，将家庭收入换算为人均收入时，用"家庭收入÷$\sqrt{家庭人数}$"计算出等价收入。例如，家庭成员为2人，就用家庭总收入除以1.4，得出的人均收入会比除以2的时候更多。这一算法将共同生活时节约的部分生活成本也考虑在内了。

患病或需要护理的时候不会有太重的个人费用负担,那么也就没必要特意为之提前储蓄了。以应对未来不可预测的事态为目的储蓄也说明了目前的社会保障制度还不能消除人们心中的不安。

前文提到贫困老年人会遇到更多问题,而贫困家庭几乎没有多余的钱用来储蓄。不难想象,当贫困的单身老人生病或需要护理时,因为没有足够存款,他们将难以得到充分的治疗或照料。当然,贫困人群可以利用社会医疗保险制度、护理保险制度、最低生活保障制度得到最低限度的治疗,但在选择护理设施的时候受到限制,选择接受花费更高的先进医疗技术的治疗时也受到限制。

另外,必须考虑老年贫困人口的居住环境问题。根据阿部彩和上枝朱美(2014)的研究,2006年颁布的《居住生活基本法》规定,单身者的最小居住面积为25平方米,但日本居住面积低于这个水平的单身者占总人数的6.7%,租房居住的单身者的占比更高,占总人数的17.4%。

贫困家庭还存在住宅费用支出问题。阿部彩和上枝朱美(2014)指出,家庭收入越低,拖欠房租或住房贷款的情况就越多。如果这些贫困者无法支付房租,他们就会失去住所,陷入无家可归的境地。

二 流浪人口问题

(一)什么是流浪人口

根据2002年制定的帮助流浪人口独立生活等特别措施法

中的定义:"流浪人口是无故将城市公园、河岸边、街道以及车站等地作为起居场所、维持日常生活的人。"①

如图4-4所示,近年来流浪人口数呈现减少趋势,这是经济复苏、就业形势好转带来的影响。但是从近年来的就业形势来看,虽然失业率较低,但非正规就业的比重持续上升,有很多工作不稳定的人。在这种情况下,一旦经济下滑,就会有很多人立刻失业,沦为无家可归的流浪人口。②

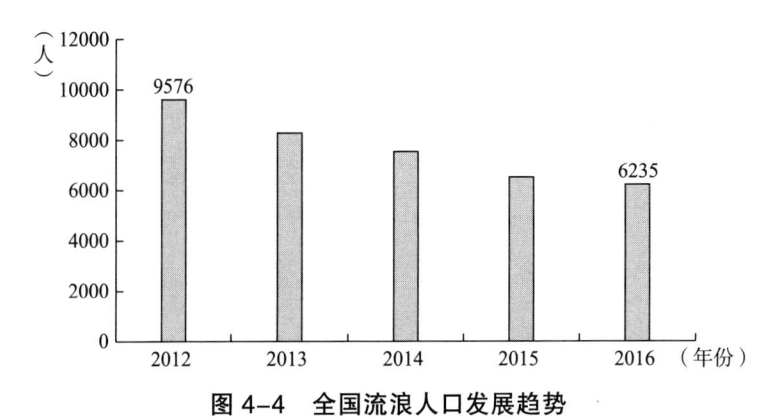

图4-4 全国流浪人口发展趋势

资料来源:根据厚生労働省(2016)「ホームレスの実態に関する全国調査(概数調査)結果」制作。

《全国流浪人口情况调查》还显示,从都道府县层面看,流浪人口最多的是大阪府,其次是东京都和神奈川县。由此可见,流浪人口大多生活在大城市。

---

① 厚生労働省(2016)「ホームレスの実態に関する全国調査(概数調査)結果」。
② 2017年4月的完全失业率为2.8%,维持着较低水平。但非正式员工的占比为37.5%,处于较高水平。参见総務省統計局「労働力調査」。

然而，这个调查只考虑了在公共场所或公共设施寄居的流浪人员，对流浪人口的界定是偏狭义的，能否反映真实情况还有待讨论。在实际生活中，有一些人因无家可归而四处辗转，如酒店、网吧和深夜营业的饮食店等。这些没有稳定居住空间的人实际上也应该称作"流浪人口"。

对流浪人口的定义确实是多种多样的。特定非营利活动法人 The Big Issue 基金会的《青年流浪人口白皮书》介绍了欧盟国家对"流浪人口"的定义："除了'街头流浪者'，还包括在朋友或亲戚家借宿的人、长期在低价民宿中过夜的人以及在福利机构中逗留的人。"比起《全国流浪人口情况调查》中对流浪人口的定义，这个定义更加宽泛。另外，《青年流浪人口白皮书》的流浪人口调查基于稻叶刚的"居住贫困"（housing poor）思想，稻叶刚将"流浪人口"定义为"有住宿的地方但不是自己的家或者连住宿场所都没有的人"。

厚生劳动省在对狭义流浪人口进行调查的同时，也开展了对广义流浪人口的调查。结果显示，没有住房、在网吧等 24 小时营业场所过夜的人，日本全国约有 5400 人。

厚生劳动省的《全国流浪人口情况调查》显示，2016 年日本全国共有男性流浪者 5821 人、女性流浪者 210 人，男性流浪人口占压倒性多数。[①] 出现此种情况的原因在于女性流浪者更容易遭遇身心方面的危险，为此一些自治体建设了妇女保

[①] 调查存在性别不明的情况。由于调查以肉眼识别的方式展开，有时根据着装等无法准确判断流浪者性别。

第四章 困扰老年一代的社会问题之三：老年人收入差距和流浪人口

护设施。[1]

另外，从图4-5的流浪人口年龄结构来看，流浪人口中的老年人比重较高。这是因为年轻时可以通过工作获得收入，但年老后往往很难通过工作获得收入。

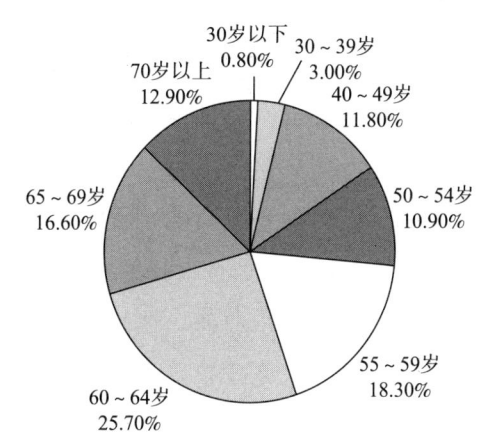

图4-5 流浪人口的年龄结构

- 30岁以下 0.80%
- 30~39岁 3.00%
- 40~49岁 11.80%
- 50~54岁 10.90%
- 55~59岁 18.30%
- 60~64岁 25.70%
- 65~69岁 16.60%
- 70岁以上 12.90%

资料来源：根据厚生労働省（2012）『ホームレスの実態に関する全国調査検討会』報告書」制作。

为什么成为流浪人口？街头流浪者们给出了若干理由。最常见的回答是"工作减少了"，其次是"破产和失业"。大多数人只能通过工作获得收入，一旦没有工作，也就失去了收入，没有钱缴纳房租，最终不得不开始四处流浪的生活。

还要补充的一点是，沦为流浪人口的原因与个人努力程度通常没有什么关系。增田明利（2013）曾在著作中提到一些具体

---

[1] 例如，大阪府建立了大阪妇女之家生活照料中心，为高龄、生病的女性提供临时住所，并帮助她们实现自立生活。参见大阪市「大阪婦人ホーム生活ケアセンター事業実施要領」。

案例。例如，一位男性职员继承了老家的食品工厂，后来受到疯牛病和进口食品混入异物等问题的影响，食品加工行业出现了萧条，而这位男性职员最终无家可归，沦落为流浪人口。

（二）流浪人口的收入情况

厚生劳动省的《〈全国流浪人口情况调查研讨会〉报告书》显示，有六成的流浪者有工作，但他们的工作内容其实存在很大的问题。

在这些流浪者中，从事废品回收工作的人占比最高（见图4-6）。废品回收工作，其实就是整日收集易拉罐、废纸箱等，而后拿去卖给废品回收站赚取收入，这是一项赚钱很少的重体力劳动。大阪府立西成高等学校曾经开展一项"反贫困学习"活动。活动结果显示，一天收集的易拉罐只能换取1200日元。

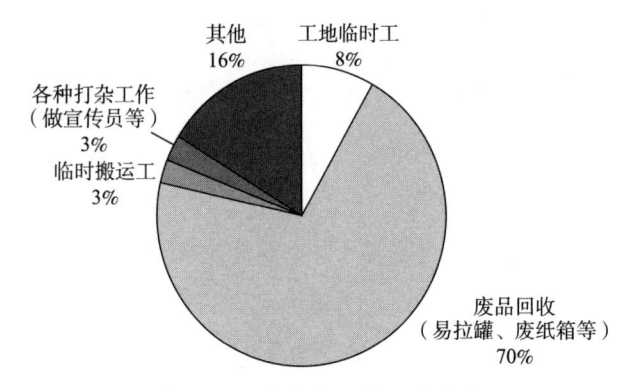

图4-6 流浪人口的工作内容

- 其他 16%
- 工地临时工 8%
- 各种打杂工作（做宣传员等）3%
- 临时搬运工 3%
- 废品回收（易拉罐、废纸箱等）70%

资料来源：根据厚生労働省（2012）「ホームレスの実態に関する全国調査検討会」報告書」制作。

第四章　困扰老年一代的社会问题之三：老年人收入差距和流浪人口

流浪者虽然可以从事临时工、宣传员等工作，但这种工作并不是每天都有，很难获得稳定的收入。这类工作的岗位并不是很多，当流浪人口呈现出老龄化趋势时，他们也越来越难被雇用。在这种不稳定的工作环境中，有一半的流浪者每月收入不足30000日元。

这些流浪者也会有工作以外的收入来源，65岁以下的流浪者大多能得到亲戚和朋友的支援，65岁及以上的流浪者收入大多来自养老金。

自2017年8月1日起，养老金最低缴费年限由过去的25年改为10年。[①]也就是说，以前那些由于缴费时长不足而无法领取养老金的人现在也可以领取养老金了。这样一来，以前无法领取养老金的人的收入也就增加了。

不过，笔者认为这项改革依然没能解决全部问题。因最低缴费年限缩短而获得领取养老金资格的人能够领取的养老金并不多。按照日本养老金制度的规定，保险费缴纳时间越长，能够领取的养老金也会越多。公司职员退休后除了老龄基础养老金以外，还可以领取老龄厚生年金。单从老龄基础养老金来看，缴满最长年限（40年）的人每年可以领取全额养老金约80万日元，只缴纳10年保险金的人每年则只能领取1/4即20万日元，平均每个月只有1.7万日元的收入（见图4-7）。

另外，有些人因为没有养老金手册，无法确认自己缴纳了

[①] 参见日本年金機構「必要な資格期間が25年から10年に短縮されます」。最低缴费年限的调整内容，不仅包括缴费时间，还包括保险费的豁免时间等，详细说明参见安岡匡也（2016）。

多少保险费，再加上养老金的办理手续并没有达到人尽皆知的程度，因此往往无法为流浪人口提供应得的养老金。

目前大阪府和大阪市开展了为流浪人口提供就业机会的工作，釜崎支援机构接受了此项工作委托。[①]这项工作被称作"老年人特别清扫事业"，老年人在大阪市西成区的爱邻地区，通过清扫、除草、为游乐设施刷漆等工作赚取相应的收入。不过，该地区并不是每天都有这样的工作。与招聘人数相比，应征的人数更多，每人每月平均只能工作3次。

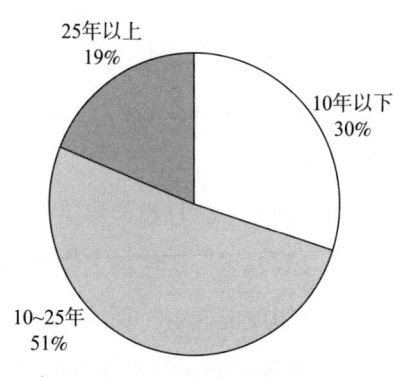

图 4-7　养老金缴费时长

资料来源：根据厚生労働省（2007）「ホームレスの実態に関する全国調査（平成19年）の概要」制作。

此外，大阪自强馆设立了"西成"自立支援中心作为就职培训场地。该中心以帮助人们实现生活自立为目标，提供相关的就业咨询、介绍工作岗位等。[②]

[①] 参见特定非营利活动法人釜ヶ崎支援机构ホームページ。
[②] 参见社会福祉法人大阪自彊馆ホームページ。

（三）流浪人口的健康状况

逢坂隆子、坂井芳夫、黑田研二、的场梁次（2003）指出，在大阪市，仅2000年就有294名流浪者死亡，死亡时的平均年龄仅为56.2岁，相对于日本的平均寿命，流浪人口的寿命十分短。[①] 在众多死因中，最多的是因病死亡，其次是自杀身亡。在流浪者的死亡原因中，肺炎、饥饿、寒冷等可以预防和避免。如果能获得衣、食、住方面的保障，那么这些死亡事件是完全可以避免的。内阁府《2016年版老龄社会白皮书》的数据显示，进入老龄期，感到身体不适的人逐渐增多。[②] 从死亡时的平均年龄也可以看出，流浪人口中身体不适的老年人比重会比年轻人高一些。随着流浪人口老龄化进程加快，今后必须进一步加强流浪人口衣、食、住等方面的保障工作。

根据逢坂隆子、黑田研二、高鸟毛敏雄、黑川渡、西森琢、安田诚一郎、下内昭、针原重义、的场梁次（2004）的研究，在流浪人口的饮食方面，从"老年人特别清扫事业"的健康调查结果来看，很多流浪者经常食不果腹，每星期超过1天完全没有进食的人占总人数的三成以上。另外，这些流浪者摄入的动物性蛋白质、蔬菜、水果等也严重不足。

笔者曾有机会观看一部名叫《当孩子遇到流浪者》的影

[①] 根据厚生劳动省《2015年简易生命表》，日本男性的平均寿命为80.79岁，女性的平均寿命为87.05岁。
[②] 白皮书指出，65岁及以上老人的"有诉者率"为471.1‰，近半数的老人表示能感觉到不适症状。"有诉者率"指每1000人中"近几天感觉有生病或受伤等症状的老人（住院人数除外）"数量。

片,其中有这样一个场景:流浪者用收集废纸箱换来的仅有的钱买了方便面,用热水煮一下就吃了。在营养充足的饮食环境中是不会出现这种场景的。

有些志愿者活动会定期为流浪人口发放食物。这些活动并不是仅仅提供餐食,还会通过发放传单、提供药品等方式让流浪者了解那些他们可以利用的制度或政策。①

流浪人口还面临难以获得医疗服务的困境。针对这个问题,日本开展了免费或低价诊疗事业,为低收入群体提供免费或低价的诊疗服务。②日本的福利政策中还有一项最低生活保障制度,可以为国民提供必要的生活费用,帮助国民维持最基本的生活。日本国民可以利用最低生活保障制度,既不用担心医疗支出,也可以在一定程度上解决饮食的营养问题。然而,《〈全国流浪人口情况调查研讨会〉报告书》显示,约一半流浪者表示不想利用最低生活保障制度,约三成的流浪者希望将来也像现在一样漂泊生活。少数流浪者希望将来能够住进公寓,过上自食其力的生活。

笔者曾经实地采访过爱邻地区的流浪者,他们的回答中有一句话令人印象深刻:"不想领取低保,感觉那些靠低保过日子的人失去了灵魂。我还是想像现在这样通过自己的劳动获得收入。"

然而,利用最低生活保障制度来实现居住的稳定、接受合理的医疗服务、获得有营养的食物是有必要的。在实施最低生

---

① 金子瑠美(2013)。
② 参见全日本民主医療機関連合会ホームページ。

活保障制度时，不发放全额的生活费用，而是基于最低生活保障制度的补充性原则发放一部分生活费用，作为收入不足时的必要补充。①

　　稳定的住处是保障自身生命安全的先决条件。前文提到流浪人口的死亡原因中有冻死，而如果有安定的住所，冻死的情况是可以避免的，还可以避免受到袭击等。前文提及的影片中也讲述了曾遭受袭击的流浪者的故事。另外，笔者从大阪站附近的高架桥下通过时发现了一张公告，上面写着："这里的流浪者遭受袭击后去世了，不可原谅！"虽然最可恶的是袭击流浪者的人，但如果流浪者有稳定的住房，就可以免受袭击。想到这里，心情变得很复杂。如果没有住房，即便偶尔幸免于难，也会因为时时担心遭受侵袭而无法安心休息。②

　　然而，即使有稳定的住所也不能完全确保安全。例如，2017年，北九州市一栋公寓发生火灾，实际上这座公寓只是一处简易住所，未做共同住宅登记，防火设施不完善的可能性极高。③此外，提供给低保户的免费或低价住所中有四成住所的人均面积未达到厚生劳动省的标准。④必须考虑流浪者住房问题解决之后的生活改善问题。

---

① 补充性原则指当收入不足以支付必要的日常生活开支、利用社会保障制度也无法解决问题时，不足的部分由最低生活保障制度补充。
② 参见特定非営利活動法人 Homedoor ホームページ。
③ 『西日本新聞』2017年5月9日记事「生活保護へ『つなぎ施設』6人死亡火災、小倉のアパート　NPO『野宿させるわけには』」。
④ 『朝日新聞』2016年8月28日「無料低額宿泊所の4割、個室の面積基準下回る　国が調査」。

三　流浪人口问题如何解决

每年冬天，大阪市西成区的"儿童之家"都会举办一项活动。孩子和大人一起巡夜，问候流浪人口并给他们提供热乎的食物。[①]笔者参加过这个活动，也借此机会和流浪者进行了对话。当问到为何成为流浪人口、今后如何打算时，得到了各种各样的回答。这些回答的共性是，他们无论如何努力也无济于事才最终变成流浪人口，并且所有人都希望有机会重新自立生活。

理论上，当个人努力无法抵抗外来风险时，社会保障制度可以防止人们陷入贫困。流浪人口的存在或许也反映出社会保障制度的不健全。目前有关社会保障制度的讨论多数以可持续发展为主要议题，但其实有必要再一次确认社会保障制度的作用。

参考文献

『朝日新聞』2016 年 8 月 28 日「無料低額宿泊所の 4 割、個室の面積基準下回る　国が調査」
(http://www.asahi.com/articles/ASJ8T55KYJ8TUTFK00J.html) 2017 年 6 月 28 日参照。

阿部彩・上枝朱美（2014）「最低限必要な住まいとは何か——一般市民への調査から」『社会政策』第 6 巻第 1 号，pp.67-82。

---

① こどもの里（2015）「2014 年度こどもの里事業報告書」。

一般社団法人「ホームレス問題の授業づくり全国ネット」(2009)『「ホームレス」と出会う子どもたち』DVD。
稲葉剛(2009)『ハウジング・プア』山吹書店。
逢坂隆子・坂井芳夫・黒田研二・的場梁次(2003)「大阪市におけるホームレス者の死亡調査」『日本公衛誌』第50巻第8号, pp. 686-696。
逢坂隆子・黒田研二・高鳥毛敏雄・黒川渡・西森琢・安田誠一郎・下内昭・針原重義・的場梁次(2004)「ホームレス者の健康・生活実態より健康権を考える──ホームレス者の生活習慣病対策からみた考察」『社会医学研究』第22巻, pp. 41-50。
大阪市「大阪婦人ホーム生活ケアセンター事業実施要領」
(http://www.city.osaka.lg.jp/fukushi/page/0000199889.html) 2017年6月21日参照。
大阪府立西成高等学校(2009)「反貧困学習格差察の連鎖を断つために」解放出版社。
金子瑠美(2013)「生活保護制度受給者の就労支援について」北九州市立大学経済学部卒業論文。
厚生労働省「広義のホームレス実態調査について」
(http://www.mhlw.go.jp/stf/houdou/2r98520000004c72-att/2r98520000004ca0.pdf) 2017年6月21日参照。
厚生労働省(2007)「ホームレスの実態に関する全国調査(平成19年)の概要」
(http://www.mhlw.go.jp/houdou/2007/04/h0406-5.html) 2017年6月21日参照。
厚生労働省(2012)「『ホームレスの実態に関する全国調査検討会』報告書」
(http://www.mhlw.go.jp/stf/houdou/2r9852000002rdwu-att/2r985200002relx.pdf) 2017年6月21日参照。
厚生労働省(2016)「2015年簡易生命表」
(http://www.mhlw.go.jp/toukei/saikin/hw/life/life15/dl/life15-02.pdf) 2017年6月21日参照。

厚生労働省（2016）「ホームレスの実態に関する全国調査（概数調査）結果」
（http://www.mhlw.go.jp/stf/houdou/0000122778.html）2017年6月21日参照。
こどもの里（2015）「2014年度こどもの里事業報告書」。
社会福祉法人大阪自彊館「施設・事業所案内」
（http://www.ojk.or.jp/facilities/jiritsu.html）2017年6月21日参照。
全日本民主医療機関連合会「無料低額診療事業制度の説明」
（https://www.min-iren.gr.jp/?p=20135）2017年6月21日参照。
総務省統計局（2017）「労働力調査（基本集計）平成29年（2017年）4月分」
（http://www.stat.go.jp/data/roudou/sokuhou/tsuki/index.htm）2017年6月21日参照。
特定非営利活動法人釜ヶ崎支援機構「就労機会提供事業」
（http://www.npokama.org/summary/teikyo/teikyo.html）2017年6月21日参照。
特定非営利活動法人ビッグイシュー基金（2010）「若者ホームレス白書当事者の証言から見えてきた問題と解決のための支援方策」
（http://www.bigissue.or.jp/pdf/wakamono.pdf）2017年6月21日参照。
特定非営利活動法人 Homedoor「ホームレス問題とは」
（http://www.homedoor.org/problem）2017年6月21日参照。
内閣府「平成28年版高齢社会白書」
（http://www8.cao.go.jp/kourei/whitepaper/w-2016/zenbun/28pdf_index.html）2017年6月28日参照。
内閣府「平成29年版高齢社会白書」
（http://www8.cao.go.jp/kourei/whitepaper/w-2017/zenbun/29pdf_index.html）2017年6月28日参照。
『西日本新聞』2017年5月9日記事「生活保護へ『つなぎ施設』6

人死亡火災、小倉のアパート　NPO『野宿させるわけには』」
（https://www.nishinippon.co.jp/nnp/national/article/326963/）2017年6月28日参照。
日本年金機構「必要な資格期間が25年から10年に短縮されます」
（http://www.nenkin.go.jp/service/jukyu/roureinenkin/tansyuku/20170201.html）2017年6月21日参照。
藤森克彦（2012）「低所得高齢者の実態と求められる所得保障制度」みずほ情報総研レポート
（https://www.mizuho-ir.co.jp/publication/contribution/2012/pdf/nenkintokeizai_30_4.pdf）2017年6月22日参照。
増田明利（2013）「今日、会社が倒産した16人の企業倒産ドキュメンタリー」彩図社。
安岡匡也（2016）「経済学で考える社会保障制度」中央経済社。

第五章
困扰年青一代的社会问题之一：劳动问题

近来常常听说"黑心企业"一词。所谓的"黑心企业"是不遵守《劳动基准法》规定的劳动时间，让员工在恶劣的环境下工作，即使加班也不支付相应报酬的企业。本章将讨论困扰劳动者的严酷劳动环境。

一 关于黑心企业的定义

根据特定非营利活动法人POSSE（2013）的定义，"黑心企业"是"上岗前未对年轻员工进行充足的教育和培训，强迫员工长时间工作甚至出现过劳死的企业"。在恶劣的环境中工作引发了许多劳动问题。2014年12月20日，《钻石周刊》（*Diamond Weekly*）报道，最大的问题是劳动时间问题（见图5-1），还有拖欠薪资问题等。

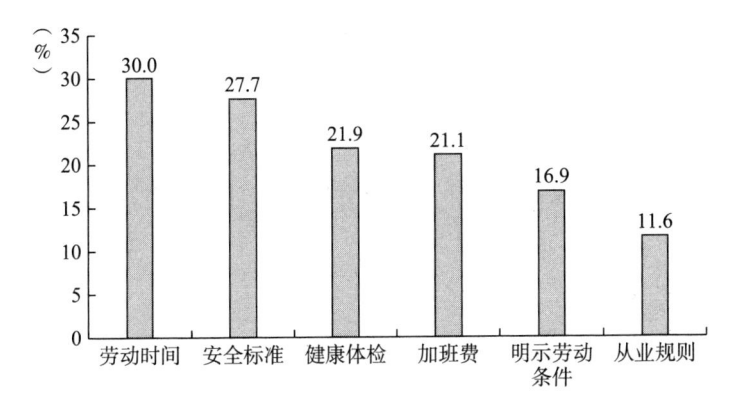

图 5-1　企业违反劳动法类型

资料来源：根据厚生労働省労働基準局（2015）「平成27年労働基準監督年報」制作。

《劳动基准法》规定：

> 原则上，员工的工作时间每天不能超过 8 个小时、每周不能超过 40 个小时。
>
> 员工的劳动时间超过 6 个小时，必须有 45 分钟以上的休息时间；员工的劳动时间超过 8 小时，必须有 1 小时以上的休息时间。
>
> 员工必须至少有每周 1 天的假期或每 4 周 4 天的假期。[①]

《劳动基准法》的以上规定是为了防止过劳问题，但作为实际存在的现象，加班并不算违法。关于"加班"，《劳动基准法》第 36 条有如下规定："由半数以上劳动者组成的工会或半

---

① 厚生労働省「労働時間・休日」。

数以上劳动者的代表与企业签订劳资协定，商定法定劳动时间外和休息日劳动，并提交行政机关备案时，法定劳动时间外、法定休息日的劳动是合法的。"劳资双方未签订"36协定"[①]，企业延长员工劳动时间的行为是违法的。如果劳资双方签订了"36协定"，企业延长劳动时间是可行的。不过，企业必须支付加班补贴，让员工免费加班的做法是违法的。

即使劳资双方签订了"36协定"，如表5-1所示，加班时间也是有限制的。对此，企业也有规避途径，即以特别条款的方式在劳资协定中约定，在特殊情况下，可以进一步延长劳动时间。特殊情况包括预算业务、决算业务和交货日期临近等。一般情况下的工作繁忙不可以视作特殊情况。

表 5-1　加班的时间限度（一般劳动者）

1 周	15 个小时
2 周	27 个小时
4 周	43 个小时
1 个月	45 个小时
2 个月	81 个小时
3 个月	120 个小时
1 年	360 个小时

资料来源：根据厚生劳働省「時間外労働の限度に関する基準」制作。

[①] 《劳动基准法》第36条对法定时间外的工作做了解释，该协议被称作"36协定"。

企业必须按增幅标准支付加班工资。法定劳动时间外劳动的工资增幅不得低于工资的25%。[①]

从图5-2可以看到免费加班较多的行业，可以看到服务业的免费加班最多。服务业是劳动密集型产业，很难通过机械化来提高每个劳动者的生产效率。企业如果不能获得充足的利润，有可能影响到员工的薪酬支付。

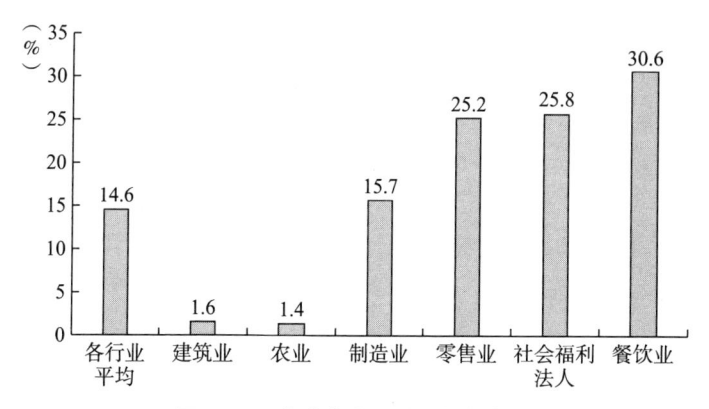

图5-2 未支付加班补贴的情况

各行业平均：14.6%；建筑业：1.6%；农业：1.4%；制造业：15.7%；零售业：25.2%；社会福利法人：25.8%；餐饮业：30.6%

资料来源：根据厚生劳働省劳働基準局（2015）「平成27年労働基準監督年報」制作。

此外，在社会福利机构，护理等工作通常为低收入工作，护理报酬被控制在较低水平是原因之一。护理行业也属于劳动密集型行业，很难通过机械化来提高劳动者的生产效率，进而增加每个劳动者的应得报酬。

[①] 厚生労働省「法定労働時間と割増賃金について教えてください。」。

二 劳动者安全

如图 5-3 所示，1990~2014 年，日本劳动者的劳动时间呈现出减少趋势。对此，特定非营利活动法人 POSSE（2013）认为原因在于对过劳的批判和过劳情况的改善，正式职工数量减少、非正式职工数量增加带来的平均值降低。

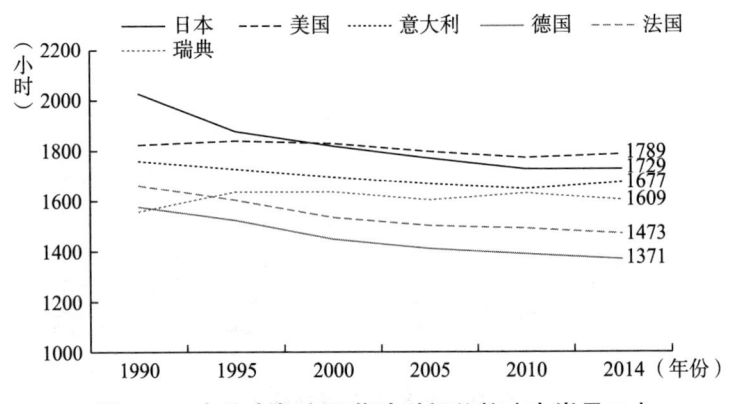

图 5-3 人均全年实际劳动时间总数（在岗员工）

资料来源：根据独立行政法人劳働政策研究・研修机构「データブック国際劳働比較 2016」制作。

根据 2012 年的劳动基本情况调查，2012 年每周工作 60 个小时［每月法定劳动时间以外劳动达到 80 个小时（过劳死标准）］的劳动者共有 478.4 万人，占劳动者总数的 11.2%（2007 年为 542.9 万人，占比为 12.7%）。虽然 2012 年这一群体的人数与 2007 年相比有所减少，但人数依然很多。2012 年，全年工作超过 250 天的劳动者占劳动者总数的 43.7%，与 2007 年（44.1%）相比，占比仍然很大。另外，从男性正规职业劳动者的年龄分组来看,每周工作时间超过60个小时的25~39岁正规职业劳动者的占比高达20%。

根据特定非营利活动法人POSSE（2013）的调查,全职劳动者的每周人均劳动时间,男性为53.3个小时,女性为44.5个小时。

根据厚生劳动省和中央劳动灾害防止协会公布的《防止过劳造成的健康问题》（见图5-4）,每月的法定时间外劳动或假期劳动超过45个小时,健康风险将提高；每月的法定时间外劳动或假期劳动超过100个小时（或者在2~6个月中每月超过80个小时）,健康风险将进一步提高。

2015年,心脑血管疾病方面的工伤保险申请达795件,其中283件死亡,基本上可以被认定为过劳死。另外,精神疾病方面的工伤保险申请也有增加趋势,2015年达1515件（2011年为1272件）,其中199件为自杀事件（包括自杀未遂）。[1]根据特定非营利活动法人POSSE（2013）的调查,心脑血管疾病方面的工伤保险申请中,运输业的最多,其次是批发零售行业；从年龄来看,老年人的申请居多,40岁及以上劳动者的工伤保险申请占总人数的3/4。精神疾病方面的工伤保险申请中,20~39岁劳动者的申请占据一半,多为年轻人。[2]

---

[1] 厚生労働省労働基準局（2015）「平成27年労働基準監督年報」。
[2] 提到精神疾病,就不得不说明一下适应障碍这种疾病。从近期有关过劳的新闻报道来看,适应障碍的患病案例很多。根据厚生劳动省的《从关注人们的心理健康开始吧》,适应障碍指"当遇到某些特定情况和事件时,感到痛苦难耐并因此出现情绪和行为上的变化"。持续的不安和抑郁心情影响人的行为。"被确诊为适应障碍的患者,5年后约有40%以上会发展为抑郁症。"适应障碍可以说是严重心理疾病的前兆。

作为保护劳动者安全的法律，《劳动安全卫生法》主要包括以下内容。① 雇主方面，一是采取有效措施防止发生工伤事故；二是改善劳动环境和劳动条件，保障劳动者的安全和健康。雇主或生产委托人必须采取有效措施，保障劳动者远离危险和健康威胁。

雇主要为正常出勤的员工提供每年一次的定期健康体检，要为夜班出勤的员工提供每半年一次的特殊岗位员工健康体检。

雇主要为长时间劳动的员工提供接受医生面对面健康指导的机会。

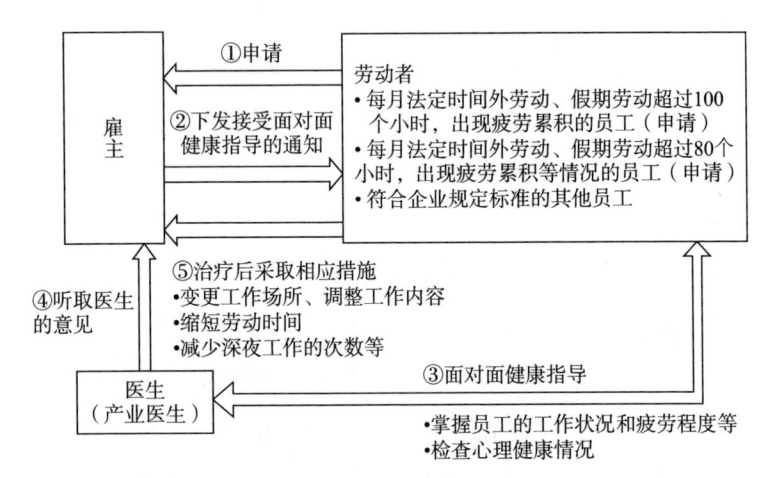

图 5-4　长时间劳动者的面对面健康指导概要

资料来源：根据厚生労働省・中央労働災害防止協会「過重労働による健康障害を防ぐために」制作。

针对劳动者的保险还有劳动者灾害补偿保险（简称"劳灾

---

① 厚生労働省「労働基準に関する法制度」。

第五章 困扰年青一代的社会问题之一：劳动问题

保险"）。劳灾保险为强制参保，保险费由雇主全额负担。

当劳动者因为工作受伤或生病时，除了覆盖全民的社会医疗保险制度外，还能获得劳灾保险提供的疗养补偿。另外，当因公受伤（或生病）而需要休息治疗时，劳动者还可以获得休假补偿（见表5-2）。

表5-2 劳灾保险的补偿类别

医疗补偿	工作时或上下班途中生病或受伤而造成的医疗费用，原则上没有自费部分
误工补偿	工作时间或上下班途中因灾害导致的伤病需要治疗时，员工停工治疗期间的收入补偿
残障补偿	疾病或伤痛治愈之后员工身体落下残疾时发放的补贴
遗属补偿	工作时间或上下班途中死亡的员工，对其家属的补贴

资料来源：厚生労働省「労災保険給付の概要」。

然而，不得不说工伤认定的难度是很大的。

与因公受伤的认定相比，因公致病的认定往往更加困难。从医学角度判断病程和病症的合理性、证明工作和疾病的关联性并不容易，精神疾病方面的认定尤为困难。新闻报道了如下案例：劳动者因过劳而死亡后，企业最初主张没有责任，但是随着劳动境况调查的推进，工作和自杀的关联得到确认，企业才转变态度承担责任。甚至有企业在接受调查后也不承认责任，劳资双方只能在法庭上一辩是非。特定非营利活动法人POSSE（2013）基于具体事例做了说明。在认定工伤时需要有超时加班的真实证据,被企业篡改过的考勤卡是很难发挥作用的,但同事的证言、本人当作日记而记录的博客等可以作为证据(见图5-5)。

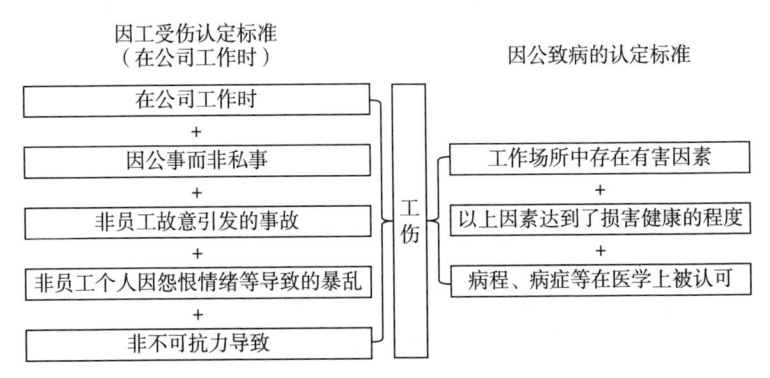

```
因工受伤认定标准
 (在公司工作时)                        因公致病的认定标准

┌─────────────────┐
│   在公司工作时    │
└─────────────────┘
        +                        ┌─────────────────────┐
┌─────────────────┐              │ 工作场所中存在有害因素 │
│  因公事而非私事   │   工             └─────────────────────┘
└─────────────────┘              +
        +                 伤    ┌───────────────────────┐
┌─────────────────┐              │ 以上因素达到了损害健康的程度 │
│ 非员工故意引发的事故│              └───────────────────────┘
└─────────────────┘              +
        +                        ┌─────────────────────┐
┌────────────────────┐           │ 病程、病症等在医学上被认可 │
│非员工个人因怨恨情绪等│           └─────────────────────┘
│  导致的暴乱       │
└────────────────────┘
        +
┌─────────────────┐
│   非不可抗力导致   │
└─────────────────┘
```

图 5-5 因公受伤或因公致病的认定标准

资料来源:下山智恵子・平野敦士(2008)『労働基準法がよく分かる本』。

关于工伤,还有一个相关问题不得不提及,那就是隐瞒工伤事故。为什么要隐瞒实情呢?大概是出于以下两个原因。第一个原因是担心外界对企业的工作环境产生怀疑。雇主有义务确保劳动者的安全,一旦企业发生工伤事故,就意味着雇主没有尽到确保劳动者安全的义务。2014年12月20日的《钻石周刊》报道,建筑业隐瞒工伤事故的情况很多,因为如果不这样做的话,企业在参与公共事业[①]时可能会被自治体排除在外。厚生劳动省的《"隐瞒工伤事故"是违法的》中提到,当作为承包方的企业的员工在工作中受伤时,承包方企业常常会出于

---

① 公共事业是指负责维护公共服务基础设施的事业,包括电力、供水、废物处理、污水处理、燃气供应、交通、通信等。——译者注

不想给委托企业添麻烦、不想失去下次承包机会等原因放弃申请劳灾保险的给付。

第二个原因是浮动费率的存在。现行制度为了反映企业在防止工伤事故方面的努力,在劳灾保险的收支率(劳灾保险给付金额÷缴纳的劳灾保险费)低于一定水平时,将降低保险费的缴纳标准。反之,当企业的劳灾保险收支率高于一定水平时,将提高该企业的保险费缴纳标准。所以,为了节约保险费,现行制度下一些企业会隐瞒工伤事故。

三 如何减少黑心企业

虽然采取了以上措施以防止过劳,但黑心企业仍然屡禁不止。原因之一在于劳动基准监督署(以下简称"劳基署")人手不足,无法对全部企业进行充分的监督。根据2014年12月20日《钻石周刊》的报道,日本每万名员工对应的劳基署监督员为0.53名。[①]这个数字高于美国、低于瑞士。顺便提一句,德国每万名员工对应1.89名监督员。

要想减少违反《劳动基准法》的行为,不再出现新的职场受害者,劳基署必须进一步发挥监督作用。除了本职工作外,年轻人没有其他任何手段获得收入。即使在黑心企业工作,他们往往也会因为责任心强而不断地劝诫自己"必须努力工作""不能给别人添麻烦",渐渐地健康状况变差。这种情况如

---

① とんたに・铃木(2010)指出,国际劳工组织的基准是每1万名劳动者对应1名监督员。

果不得到制止，因工作受到伤害的劳动者就不会减少。而且，在今后劳动力不足的环境下，老年人也会积极就业。考虑到老年劳动者的体力衰退问题，有必要提前开展预防劳动灾害的活动。今后对劳动环境的监督也有必要强化。

参考文献

厚生労働省「時間外労働の限度に関する基準」
　　(http://www.mhlw.go.jp/file/06-Seisakujouhou-11200000-Roudoukijunkyoku/0000123090.pdf) 2017 年 6 月 27 日参照。
厚生労働省「知ることからはじめよう みんなのメンタルヘルス」
　　(http://www.mhlw.go.jp/kokoro/know/disease_adjustment.html) 2017 年 6 月 28 日参照。
厚生労働省「法定労働時間と割増賃金について教えてください。」
　　(http://www.mhlw.go.jp/bunya/roudoukijun/faq_kijyungyosei07.html) 2017 年 6 月 28 日参照。
厚生労働省「労災保険のメリット制について」
　　(http://www.mhlw.go.jp/bunya/roudoukijun/roudouhokenpoint/dl/rousaimerit.pdf) 2017 年 6 月 28 参照。
厚生労働省「『労災かくし』は犯罪です。」
　　(http://www.mhlw.go.jp/general/seido/roudou/rousai/) 2017 年 6 月 28 日参照。
厚生労働省「労災保険給付の概要」
　　(http://www.mhlw.go.jp/new-info/kobetu/roudou/gyousei/rousai/040325-12.html) 2017 年 6 月 28 日参照。
厚生労働省「労働基準に関する法制度」
　　(http://www.check-roudou.mhlw.go.jp/law/anzen.html) 2017 年 6 月 28 日参照。
厚生労働省「労働時間・休日」

(http://www.mhlw.go.jp/stf/seisakunitsuite/bunya/koyou_roudou/roudoukijun/roudouzikan/index.html) 2017 年 6 月 27 日参照。

厚生労働省・中央労働災害防止協会「過重労働による健康障害を防ぐために」

(http://www.mhlw.go.jp/new-info/kobetu/roudou/gyousei/anzen/dl/101104-1.pdf) 2017 年 6 月 28 日参照。

厚生労働省労働基準局 (2015)「平成 27 年労働基準監督年報」

(http://www.mhlw.go.jp/bunya/roudoukijun/kantoku01/dl/27.pdf) 2017 年 6 月 27 日参照。

下山智恵子・平野敦士 (2008)『労働基準法がよく分かる本』成美堂出版。

『週刊ダイヤモンド』「労基署がやってくる！」2014 年 12 月 20 日, ダイヤモンド社。

総務省統計局 (2012)「平成 24 年就業構造基本調査」

(http://www.stat.go.jp/data/shugyou/2012/pdf/kgaiyou.pdf) 2017 年 6 月 27 日参照。

特定非営利活動法人 POSSE (2013)「ブラック企業対策会議」POSSE, vol.18, pp.18-142。

独立行政法人労働政策研究・研修機構「データブック国際労働比較 2016」

(http://www.jil.go.jp/kokunai/statistics/databook/2016/index.html) 2017 年 6 月 28 日参照。

とんたに　たかし・鈴木マサカズ (2010)『ダンダリン一〇一』講談社。

第六章
困扰年青一代的社会问题之二：
无家可归的年轻人

泡沫经济破灭之后，日本经济陷入"失去的20年"，加之次贷危机的影响，日本年轻人的就业形势越发严峻。没有了就业机会，难以获得劳动收入的年轻人往往容易陷入贫困状态。本章主要就年轻人的无家可归现象和不稳定的就业形势进行说明，这些现象也是年轻人贫困问题的重要体现。

一　网吧难民

厚生劳动省的《有关广义无家可归者的情况调查》对网吧难民的数量做了推算。根据这份调查，日本全国约有5400人因失去固定住所而沦为网吧难民。网吧难民是指因没有固定住所而在网吧过夜的人。

第六章　困扰年青一代的社会问题之二：无家可归的年轻人

增田明利（2010）将自己一个月的临时工工作体验写成了书，其中就有在网吧度过一夜的体验。

有些人去网吧是为了上网，也有些人去网吧是为了只花费1000日元睡上一晚。然而，网吧用隔断分出的隔间不是像酒店那样的单间，隔间的顶部是连在一起的，能听到网吧里的各种声音。有时，这样的隔间也人满为患，只能使用网吧的公共空间，噪声更加清晰，很难安静入睡。

网吧并不是唯一的过夜场所。有些人会在餐饮店买上一杯咖啡，在那里度过好几个小时，他们被称为"麦当劳难民"。有的人会在胶囊旅馆、桑拿房度过一晚。无论是利用何种方式，都是因为没有自己的固定住所，这样很难轻松愉快地生活，也难以保护个人隐私。

这样的网吧难民以20~29岁、30~39岁的人居多，也有很多50~59岁的人。那么，他们为什么会失去固定住所呢？问卷调查中最常见的回答是"辞掉工作以后付不起房租"。还有些答案与再次找到固定住所有关，例如"手头的储蓄不足以支付房屋租赁的初期开支"等。

网吧难民中做临时工（薪资按日结算）的人居多。就像问卷调查中回答的那样，"做临时工的报酬不能维持生活花销"。临时工的工作是非常不稳定的，因为并不是每天都有固定的工作可做。在日本，要想租借一处固定住所，除了房租之外还有礼金、押金等其他很多费用，做临时工很难赚那么多钱。

由于并不是每天都有工作可做，需要尽可能节约开支，一些人不得不选择住进网吧等场所。图6-1显示了网吧难民的就业情况，很多人在不稳定的就业环境下工作。

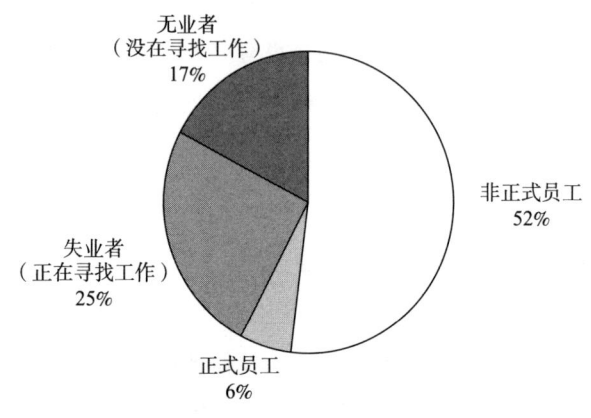

图 6-1 网吧难民

注：合计 5400 人。

资料来源：根据厚生劳働省「広義のホームレス実態調査について」制作。

特定非营利活动法人 The Big Issue 基金会的《青年流浪人口白皮书》指出，很多网吧难民处于抑郁状态。抑郁状态很难用三言两语解释清楚，简而言之就是"陷入痛苦的状态并且一直无法自拔"[1]。如果持续处于这种状态，身心健康都会受到影响，这样的网吧难民很难积极地寻找工作，也很难找到稳定的工作。

二 不稳定的非正规就业

大内伸哉、川口达司（2012）认为，边育儿边工作的女性

---

[1] シオノギ製薬・日本イーライリリー株式会社ホームページ「うつ病こころとからだ」。

第六章　困扰年青一代的社会问题之二：无家可归的年轻人

增加是非正式员工增加的一个重要原因（见图6-2）。在养育子女的时候，女性很难像正式员工那样不定期地加班，打工、兼职这种时间相对固定的工作方式比较轻松。此外，女性一旦因为生产和育儿离开工作岗位，就很难再次成为正式员工，不得已只能作为非正式员工参加劳动。

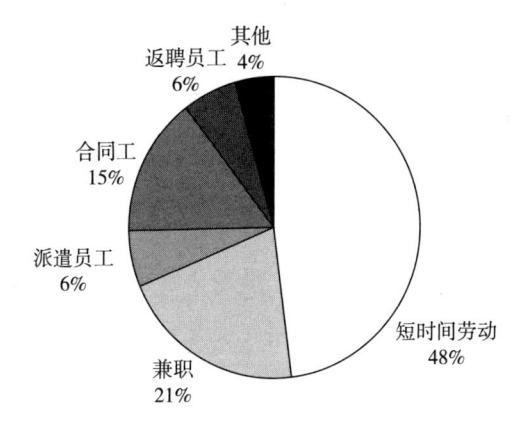

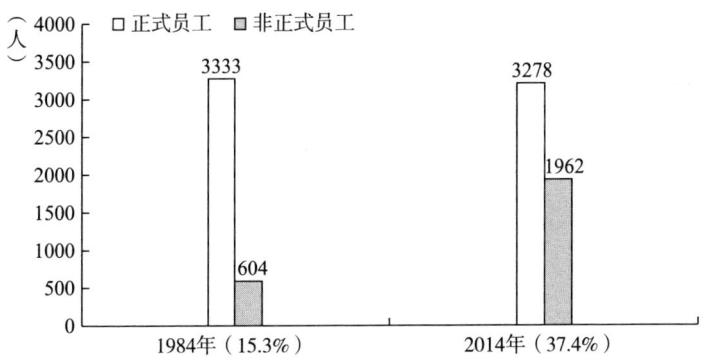

图6-2　非正式员工比重

注：柱状图为2014年数据。
资料来源：根据厚生劳働省「『非正規雇用』の現状と課題」制作。

另外，信息化带来了工作内容和工作程序的标准化，许多原来由正式员工担任的工作，现在非正式员工也可以胜任了。

另外，用道格拉斯-有泽法则①也许可以解释女性劳动参与率上升的原因。丈夫的收入增加，妻子的劳动供给就会减少；丈夫的收入下降，妻子的劳动供给就会增加。

三 为年青一代提供政策支持

虽然存在适用于年轻人的社会保障制度，但是年轻人利用制度时困难重重。

首先，最低生活保障制度可以在人们陷入贫困时提供最低限度的生活保障。然而，最低生活保障制度具有差额补贴特性，实际上并不容易利用。如果一个年轻人能够靠劳动获得收入，即能够有效利用劳动能力，就不能利用这一保障制度。现在，虽然年轻人陷入贫困后可申请最低生活保障制度，但实际上在窗口也会遭到拒绝，最终得不到补贴。②

其次，可以利用雇用保险制度。在一定期间内工作并缴纳雇用保险费，在失业后就能获得保险金。但是，工作之后很快就失业的情况不适用于制度的规定，因此无法得到雇用保险金。此外，打工和兼职等劳动时间较短者，需要每周工作20小时以上、工作31天以上才能加入雇用保险。③所以，因每周劳动时间和雇佣方式的限制，如果工作时间未能达到一定天

---

① 有关道格拉斯-有泽法则，参见多田隼士（2015）。
② 更多内容参见藤藪貴治・尾藤廣喜（2007）。
③ 厚生労働省「雇用保険の加入手続はきちんとなされていますか！」。

第六章　困扰年青一代的社会问题之二：无家可归的年轻人

数，就不能加入雇用保险，失业时也就完全谈不上领取保险金了。饭岛裕子、The Big Issue基金会（2011）指出，当前雇用保险制度仍面临很多问题，例如很多人不了解雇用保险制度、一些企业为了回避缴纳保险费而故意反复签署短期劳动协议导致员工无法加入雇用保险。

此外，为了帮助人们自力更生，日本政府建立了自立支援中心，人们可以利用自立支援中心提供的就业支援。人们可以住在自立支援中心，接受就业方面的培训。这样失业后失去住所的人就避免了流落街头。但对于利用者来说，与并不了解的陌生人一起过集体生活本身就是一件让人感到危险的事情，从现状来看，他们很难积极地利用自立支援中心。

然而，即便能够实现自立生活，一些人离开自立支援中心后往往会再度无家可归，原因在于这些人大多从事非正规劳动等不安定的工作。

如果年轻人的贫困问题被忽视，他们很有可能卷入犯罪，进而带来更大的社会负担。因为没有钱，贫困的年轻人有可能将自己的手机或存折信息卖给不法分子，这意味着他们有可能卷入欺诈案件。另外，对于女性来说，沦为性工作者的可能性也会增强。

次贷危机影响下的日本经济持续低迷（见图6-3），突然被企业裁员的派遣员工人数很多，这是年轻人无家可归的一大重要原因。派遣员工被裁，不仅意味着突然被解除劳动合同、失去工作岗位，还意味着要马上退还居住的公司住宅。在没有任何准备的情况下，年轻人突然被要求搬离住所，这给年轻人带来极大的生活困难。

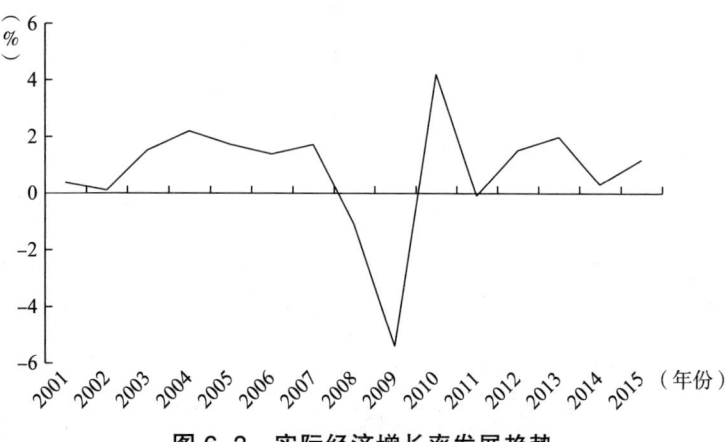

图 6-3　实际经济增长率发展趋势

资料来源：根据内閣府「長期経済統計」制作。

在上述背景下，日本政府针对劳动力人口实施了一系列政策。首先，制定了"就职资金安定融资"制度。这一制度"以被解约或者当前合同期满不能续约的同时被要求退还员工宿舍的人为对象，目的是为他们提供住宅保障和就业机会保障方面的支援"。他们既可以得到职业介绍所的就职帮助，又可以获得贷款来支付租房的初期费用。[①]

其次，日本政府制定了住宅支援补贴政策。对于虽然离职但有工作能力和就职意愿的人，若失去了住所，住宅支援补贴

[①] 厚生労働省「就職安定資金融資」。住宅租赁的初期费用最高为 40 万日元，租金最高为每月 6 万日元（支付 6 个月），不在雇用保险给付范围内的人，最多可以领到每月 15 万日元的生活费（支付 6 个月）。该制度目前不接受新的申请。

第六章　困扰年青一代的社会问题之二：无家可归的年轻人

政策将提供补贴。①住宅支援补贴政策配合其他就业支持政策一起实施，为年轻人的住房和获得就业机会提供保障。

再次，日本政府还提供了一笔"临时特例资金"，在离职者获得公共资金的支援前，借给他们作为眼下的生活费用，其目的是帮助失业者自力更生。②

另外，在失业者领取雇用保险金的同时，还可以接受雇用保险制度提供的就职培训。但是，若没有加入雇用保险是无法享受这些福利待遇的。为此，日本政府制定了求职者支援制度。求职者可以通过该制度接受免费的就职培训，满足一定条件还可以领取就职培训听课津贴。③

以上是应对年轻人贫困问题的公共政策，接下来介绍民间层面的相关社会支持。根据川崎市生活保护自立支援室（2014）的资料，在川崎市，受到就业支援委托的社会团体会接纳那些无家可归的年轻人，让他们在自己经营的店铺里工作，对他们进行就业培训。年轻人过着宿舍生活，通过从事接待和事务性工作接受培训，直至能够自力更生。

为无家可归者获得收入提供帮助的还有 The Big Issue。根据 The Big Issue 的官方网站，1991 年 The Big Issue 创建于伦敦，最初发行街头报纸。2003 年 9 月，The Big Issue 开始在

---

① 神户市「住宅支援給付事業について」。补贴额度是：单身家庭 4.25 万日元、2 人以上家庭 5.53 万日元、7 人以上家庭 6.64 万日元，原则上该制度的补贴时间为 3 个月。如果求职者在求职活动中表现良好，可以延长 3 个月；如果求职者满足一定条件，还可以在此基础上再次延长 3 个月。该制度目前不接受新的申请。
② 大阪府社会福祉協議会「臨時特例つなぎ資金」。
③ 厚生労働省「求職者支援制度があります！」。

日本发行日语版。The Big Issue 的主要目的并不是对无家可归的人进行救济，而是为他们提供工作，帮助他们自力更生。

在无家可归者工作初期，The Big Issue 免费向他们提供杂志，让他们去贩卖。这些无家可归者通过贩卖杂志获得一定的收入后，就需要以批发价格购买杂志，之后再像之前一样将杂志卖出去，赚取差价。

仅仅靠 The Big Issue 虽然不能解决全部生计问题，但至少能获得满足生活必需的收入，这是非常有意义的一件事情。据说，在这些年轻人解决住房问题、摆脱无家可归状态后，依然可以继续贩卖这家公司的杂志。

与 OECD 国家的平均水平相比，日本长期失业人口的比重略高一些。[①] 在少子化背景下，日本面临劳动力不足问题，虽说需要积极采取对策增加人口，但减少长期失业人口或许也是有效措施。

四 自由职业者和"啃老族"

根据太田聪一（2010）的解释，"フリーター"（free arbeiter，译为"自由职业者"）一词是英文"自由"（free）和德语"打工者"（arbeiter）的日式合成词。自由职业者的定义随着时间的推移而变化，不同主体和机构对它的定义也不尽相同。太田聪一（2010）详细追溯了这个变迁过程。

例如，2002 年内阁府将自由职业者定义为"年龄为 15~34

---

① OECD 経済開発協力機構編（2010）。

岁，除了学生和家庭主妇以外的打工者、兼职者、派遣员工和有就职意愿的无业青年"。

2003年厚生劳动省对自由职业者的定义是"年龄为15~34岁，已从学校毕业（女性须为未婚）"的人群中，"打工或兼职"以及"不做家务也不上学，正在寻找短时间工作或兼职工作的无业者"。

劳动力调查目前对自由职业者的定义是，年龄为15~34岁，男性已毕业、女性已毕业但未婚且符合以下标准的人：①在岗人员中，被所在单位定义为短时间工作或兼职工作的人；②完全失业者中，正在寻找短时间工作或兼职工作的人；③属于非劳动力人口，但不做家务也不上学、没有收到企业录用通知书，正在寻找短时间工作或兼职工作的人。

太田聪一（2010）也解释了"啃老族"（NEET）一词，意思是"Not in Education, Employment or Training"，指没在接受教育、不工作也没在接受培训的人。总务省统计局对"啃老族"的定义是"15~34岁的非劳动力人口中，不做家务也不上学的无业青年"（见图6-4）。

《2014年版儿童和青年白皮书》显示，青年人没有工作的主要原因是"正在校外努力地准备升学考试或者考取资格证书""生病和受伤"，也有一部分人是因为"找工作了但没能找到"。

无业青年人数没有发生太大的变化。这是因为当他们的年龄超过上限，即便不做家务也不上学、生活状况没有任何实质性的变化，在统计时也不会被当作青年无业人口。

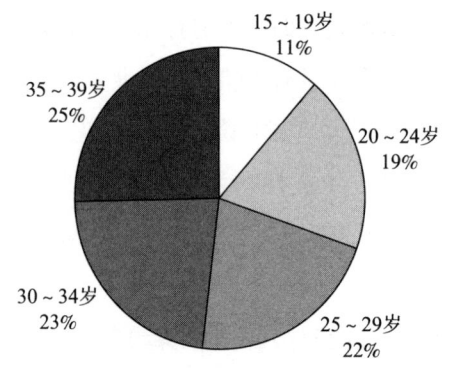

(1) 无业青年的年龄分布情况（2013年数据，总人数79万人）

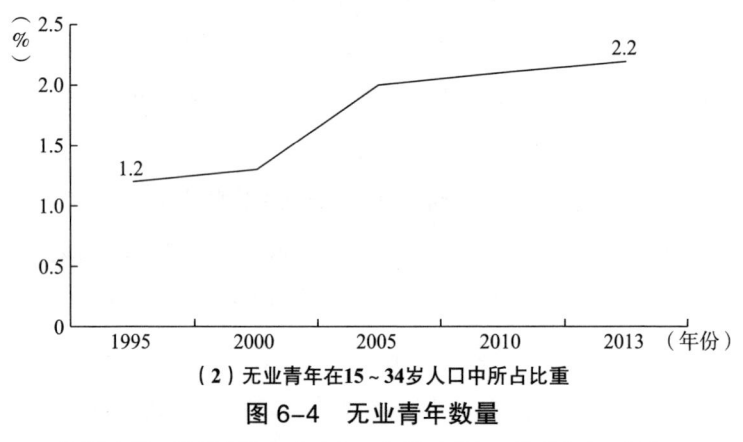

(2) 无业青年在15~34岁人口中所占比重

图 6-4 无业青年数量

资料来源：根据内阁府「平成 26 年版子ども·若者白書」制作。

自由职业者和"啃老族"并不只是在劳动年龄陷入贫困，年老以后也会出现贫困情况。因为养老金等社会保险都是以缴纳保险费为前提进行给付的，如果在年轻的时候没有充分缴纳保险费，那么年老时的给付金额就会比较低，这些参保者陷入贫困的可能性很高。

很多企业在招聘时倾向于录用应届毕业生，这也是产生自由职业者和"啃老族"的一个重要原因。如果多数企业只招收应届毕业生,那么一旦有人错过了毕业季的应聘,便很难找到就业条件好的工作了。太田聪一(2010)分析了企业偏爱录用应届毕业生的原因,主要包括"能够较好地维持员工的年龄结构""能够确保招收新的人才""能够确保一定周期内的员工数量"等。

这样招聘的好处有很多,于是录用应届毕业生成为日本企业的主流做法。由于企业极少录用往届毕业生或者有工作经验的求职者,一旦年轻人成为非正式员工,就很难作为正式员工进入企业工作了。

五 日本的"宅人族"

在讨论年轻人就业和自立问题时,不得不提及"宅人族"这一群体。各个省厅对于"宅人族"的定义不尽相同。厚生劳动省将其定义为"不上班也不上学、除家人外几乎不与人交往,持续6个月以上待在家中闭门不出的人"。[①]

内阁府对"宅人族"的定义与厚生劳动省不同。2010年,内阁府实施了问卷调查《有关年轻人的意识调查(关于"宅人族"的情况调查)》,得到了以下回答:

① "平时窝在家里,只会去附近的便利店。"
② "会走出自己的房间,但不会走出家门。"

---

① 厚生労働省「ひきこもり施策について」。

③"几乎不会离开自己的房间。"

④"平时基本上窝在家里,只会因为自己感兴趣的事情外出。"

内阁府将符合以上特征的人群作为广义的"宅人族",推算全国约有"宅人族"69.6万人;[①] 将符合①~③特征的人群作为狭义的"宅人族",推算全国约有"宅人族"23.6万人。这组数字与根据厚生劳动省的定义进行统计的结果大致相同。

参加上述调查的"宅人族"中有七成没有工作。其中,最常见的原因是"以前工作时受到欺凌",其次较多的回答是"因为生病"。

对比"宅人族"和非"宅人族"的回答,对于小学、中学阶段,"宅人族"的回答占比较高的有"需要忍受很多事情""被朋友欺负",而回答占比较低的是"有朋友"或"有亲密的朋友"。[②]

六 如何防止年轻人陷入贫困

自由职业者的就职环境不稳定,"啃老族"和"宅人族"不能获得充足的收入,这些状态不仅会造成年轻人眼下的贫困,也会导致他们在老年时的贫困,这些人一生都难以摆脱贫

[①] 內閣府「平成26年版子ども・若者白書」。以持续6个月闭门不出的人为对象,因病居家者、居家工作者、操持家务或养育子女者不计算在内。

[②] 內閣府(2010)「若者の意識に関する調査(ひきこもりに関する実態調査)概要版」。

困状态。帮助他们自食其力的方法之一是为他们就业并获得充足收入来应对生活提供支援。在国家层面，日本设立了以39岁以下年轻人为对象的地域青年支援站，教授年轻人找工作的方法，提供面试指导等与就业相关的各种支持。①

此外，日本政府近期还出台了生活贫困者自立支援制度，除了提供就业支持，还会提供衣、食、住等日常生活方面的支持。②这些制度不仅可以帮助年轻人摆脱贫困、自力更生，还可以降低政府在最低生活保障方面的支出，节约出来的部分可以为其他各项社会保障制度周转使用。③

不过，"啃老族""宅人族"的成因是多方面的。考虑到存在各种情况，在制度层面上为"啃老族""宅人族"等提供标准统一的支援其实是不够周全的。④

参考文献

飯島裕子・ビッグイシュー基金（2011）『ルポ若者ホームレス』ちくま新書。
NHK「女性の貧困」取材班（2014）『女性たちの貧困"新たな連鎖"の衝撃』幻冬舎。
OECD経済開発協力機構編（2010）『日本の若者と雇用——OECD若年者雇用レビュー：日本』（濱口桂一郎監訳、中島ゆり翻訳）

---

① 特定非営利活動法人こうべユースネットホームページ。
② 厚生労働省「生活困窮者自立支援制度」。
③ 川崎市生活保护自立支援室（2014）展示了削减最低生活保障开支的效果。
④ 柏木（2015）在《健康文明的最低标准生活（2）》中描写了如下场景：被帮扶者因为没有文字读写能力而非常自卑，就业支援工作没能很好地开展下去。

明石書店。
大内伸哉・川口大司（2012）『法と経済で読みとく雇用の世界　働くことの不安と楽しみ』有斐閣。
大阪府社会福祉協議会「臨時特例つなぎ資金」
　　（https://www.osakafusyakyo.or.jp/sikinbu/pdf/tunagi_2014.pdf）2017年6月26日参照。
太田聰一（2010）『若年者就業の経済学』日本経済新聞出版社。
柏木ハルコ（2015）『健康で文化的な最低限度の生活（2）』小学館。
川崎市生活保護・自立支援室編（2014）『現場発！生活保護自立支援　川崎モデルの実践——多様な就労支援が生きる力を育む』ぎょうせい。
厚生労働省「求職者支援制度があります！」
　　（http://www.mhlw.go.jp/bunya/nouryoku/training/dl/training01m.pdf）2017年6月26日参照。
厚生労働省「広義のホームレス実態調査について」
　　（http://www.mhlw.go.jp/stf/houdou/2r98520000004c72att/2r98520000004ca0.pdf）2017年6月21日参照。
厚生労働省「雇用保険の加入手続はきちんとなされていますか！」
　　（http://www.mhlw.go.jp/stf/seisakunitsuite/bunya/0000147331.html）2017年6月26日参照。
厚生労働省「就職安定資金融資」
　　（http://www.mhlw.go.jp/bunya/koyou/safety_net/60.html）2017年6月26日参照。
厚生労働省「生活困窮者自立支援制度」
　　（http://www.mhlw.go.jp/stf/seisakunitsuite/bunya/0000059425.html）2017年6月27日参照。
厚生労働省「ひきこもり施策について」
　　（http://www.mhlw.go.jp/seisaku/2010/02/02.html）2017年6月27日参照。
厚生労働省「『非正規雇用』の現状と課題」
　　（http://www.mhlw.go.jp/stf/seisakunitsuite/

bunya/0000046231.html）2017 年 6 月 26 日参照。
神戸市「住宅支援給付事業について」（現在はホームページより削除）。
シオノギ製薬・日本イーライリリー株式会社「うつ病こころとからだ」
（http://utsu.ne.jp/know/heart/heart01.html）2017 年 6 月 26 日参照。
総務省統計局「ニートの人数」
（http://www.stat.go.jp/library/faq/faq16/faq16a10.htm）2017 年 6 月 27 日参照。
総務省統計局「フリーターの人数」
（http://www.stat.go.jp/library/faq/faq16/faq16a09.htm）2017 年 6 月 27 日参照。
多田隼士（2015）「女性の活躍促進のための新たなアプローチの必要性——ダグラス・有沢の法則の変化とその要因」財務総合政策研究所、ファイナンス、2015.4、pp.88-95。
特定非営利活動法人こうべユースネット「サポステとは？」
（http:/kobejobsapo.net/about_saposute/）2017 年 6 月 27 日参照。
特定非営利活動法人ビッグイシュー基金（2010）「若者ホームレス白書 当事者の証言から見えてきた問題と解決のための支援方策」
（http:/www.bigissue.or.jp/pdf/wakamono.pdf）2017 年 6 月 21 日参照。
内閣府「長期経済統計」
（http://www5.cao.go.jp/j-j/wp/wp-je16/pdf/p08001.pdf）2017 年 6 月 26 日参照。
内閣府（2010）「若者の意識に関する調査（ひきこもりに関する実態調査）概要版」
（http://www8.cao.go.jp/youth/kenkyu/hikikomori/pdf_gaiyo_index.html）2017 年 6 月 27 日参照。
内閣府（2014）「平成 26 年版子ども・若者白書」

(http://www8.cao.go.jp/youth/whitepaper/h26honpen/bl_04_02.html) 2017 年 6 月 27 日参照。

ビッグイシュー日本版「ビッグイシュー日本とは」
(http://www.bigissue.jp/about/index.html) 2017 年 6 月 26 日参照。

藤藪貴治・尾藤廣喜（2007）「生活保護『ヤミの北九州方式』を糾す」あけび書房。

増田明利（2010）『今日から日雇い労働者になった——日給 6000 円の仕事の現場』彩図社。

第七章
困扰年青一代的社会问题之三：女性的劳动参与

为了实现社会保障制度的可持续发展，让女性更好地平衡工作和家庭（养育子女），日本推行了育儿支援政策。那么，女性劳动力市场有哪些特征，又存在哪些问题呢？要想制定切实可行的支持女性兼顾育儿和工作的政策，就需要在理解育儿支援政策的基础上，了解和掌握女性劳动力市场存在的问题。

一 女性就业情况

本节基于内阁府的《男女共同参与白皮书》说明近年来的女性劳动情况。如图7-1所示，与过去40年相比，近年来无论是未婚女性还是已婚女性（有配偶），各年龄段女性的劳动参与率都提高了。一方面，未婚女性的劳动参与率较高；另一方面，已婚女性的劳动参与率整体较低，特别是在养育子女期间。正如很多人知道的那样，日本女性劳动参与率呈现出一条颇具特色的M形曲线。女性的劳动年龄人口比重（劳动力人口占15岁及以上人口的比重，劳动力人口包括就业人口和完全失业人口）在女性结婚、怀孕、生产期间会出现阶段性的下降，当育儿告一段落时这一比重再次上升，整体来看好似一条M形的曲线。

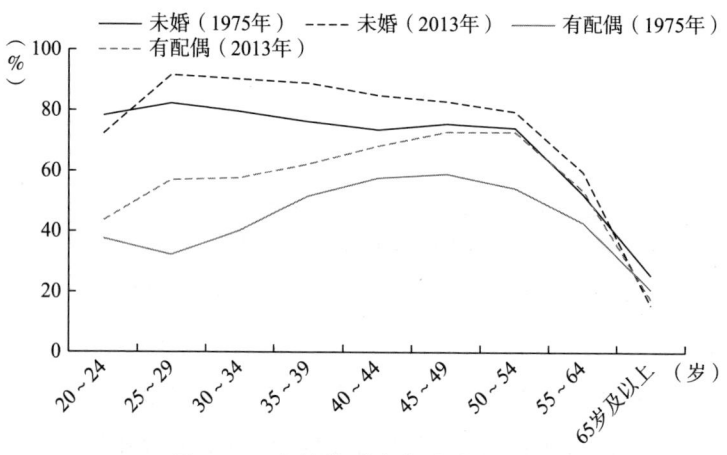

图7-1 女性劳动参与率发展趋势

资料来源：根据内阁府「男女共同参画白书平成26年版」制作。

然而，近些年育龄期女性的劳动参与率上升了，M形曲线的"谷底"部分正在变浅。可以推测，育儿家庭中外出工作的女性正在增加。

如图7-2所示，男性和女性的非正规雇用比重都上升了。非正规雇用比重上升的原因在于，这一雇佣方式便于调整岗位数量，在一定程度上非正式员工可以接替正式员工的工作。女性劳动者的非正规雇用比重尤其高。M 形曲线"谷底"变浅在很大程度上是作为非正式员工的女性劳动力供给增加造成的。[①]

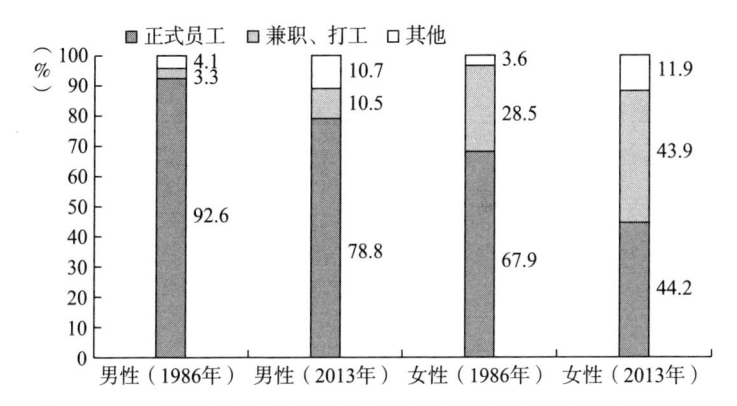

图 7-2　不同就业方式下的劳动者构成情况（不含公司董事）

资料来源：根据内阁府「男女共同参画白書平成 26 年版」制作。

高中毕业或大学毕业后，多数女性通过求职活动作为正式员工就业。但这些女性在生育后可能遇到难以平衡工作和育儿的困境，有的选择辞职，有的放弃正式员工身份，短时间内作为非正式员工工作。辞职后的女性劳动者再次寻找工作时，只能作为非正式员工。一部分女性劳动者是因为时间问题选择作为非正式员工工作的。另外，日本的正式员工岗位通常只提供给应届毕业生，有工作经历的人或往届生很难被企业正式雇用。

内阁府公布的《男女共同参与白皮书 2013 年版》也表明，

[①] 根据内阁府的《男女共同参与白皮书 2013 年版》，在婚育年龄离职的劳动者中，很少有人作为正式员工再次就业。

初中毕业或高中毕业的女性一旦因为结婚或生育离职，再就业通常为非正规雇用。大学及以上学历的女性在毕业后作为正式员工就职的比重较高，但因为结婚或生育离职后，她们再就业的比重相对较低。

如上所述，女性因为生产、育儿而辞职或改变工作方式的情况依然很多。然而，多数女性是希望持续工作的。有数据表明，在有就业意愿的女性（274万人）中，有33.0%的女性是因为生产和育儿而不能工作，生产和育儿成为女性继续工作的最大阻碍。[1]

二 育儿和工作的两难

为了让劳动者能够兼顾育儿与工作，日本政府颁布了确保育儿休假、护理休假等福利的法律（《育儿和护理休假法》）。劳动者可以利用育儿和护理休假制度照料孩子和老人。[2] 依照该法律，"劳动者可以申请育儿休假，直到孩子1岁"。[3]

法律还对雇主做出了一系列规定，确保员工向雇主申请育儿休假时，雇主不会损害员工利益；当工作超过一定小时数时，员工可以拒绝加班和夜间劳动，雇主不可以强行要求。如果员工子女未满3岁，雇主有责任对员工的工作进行相应的调

---

[1] 内閣府「男女共同参画白書平成29年版」，数据截至2016年。
[2] 厚生労働省「育児・介護休業法のあらまし」。
[3] 在满足一些特定条件时（例如没有保育机构可以利用），劳动者可以申请延长育儿休假直到孩子2岁。此外，当父母双方都申请使用育儿休假时，双方合计可以申请到1年零2个月的假期。

整，缩短该员工的劳动时间；在员工子女上小学以前必须给予员工相应的照顾；不得禁止员工申请看护休假以照看孩子。

虽然立法的内容是完备的，但是并不意味着日本通过立法改善了育儿环境。一是存在待机儿童问题。虽然理论上劳动者在工作时可以把孩子送到保育机构，但大多数保育机构已经满员或超员，能够接收孩子的保育机构寥寥无几。在这种情况下，女性劳动者要么放弃生育孩子，要么选择放弃工作。有部分家庭把孩子送到法律认可外保育机构①，这些保育机构收费高昂，服务质量也不一定有保障。

二是雇主没有采取适当措施应对职场中的性骚扰和孕产妇骚扰现象。虽说派遣员工等非正式员工在满足一定条件时也可以利用育儿休假，但他们往往并不会主动申请。根据《日本经济新闻》发布的工会的问卷调查结果，在职场上遇到性骚扰和孕产妇骚扰的受害者中，有1/4受害者最终提出了辞职；也有员工怀孕后申请育儿休假，被告知下一年度将不能续签劳动合同。②

如果员工参加了雇用保险，在取得育儿休假时，可以获得育儿休假补贴。③休假时间少于180天，每天的保险金给付水平为员工日工资的67%；休假时间超过180天，每天的保险金给付水平为员工日工资的50%；保险金最长可支付到子女满1

---

① 指根据《儿童福利法》未获得法律认可的保育机构。——译者注
② 『日本経済新聞』2015年2月17日「マタハラ相談、年3000件超『氷山の一角』との指摘も」。因为遭受性骚扰、孕产妇骚扰而辞职的女性很多，近年来男性遭受性骚扰的案例也增加了。2007年男性遭受骚扰的问题被纳入《男女雇用机会均等法》。
③ ハローワーク「育児休業給付について」。

周岁。非正式员工也可以加入雇用保险。

如上所述，虽然日本从法律和制度层面对育儿休假制度做了很大的改进，但实际上男性劳动者的育儿休假利用率并不高。2015年度日本男性的育儿休假利用率为2.65%，虽然略有上升，但依然停留在较低水平。同年度女性的育儿休假利用率为81.5%，男女之间呈现出很大的差异。不仅如此，男性的育儿休假时间非常短，56.9%的休假天数少于5天。[①]而与日本相比，瑞典的专职主妇比例仅为2%，远远低于日本的38%，但瑞典男性的育儿休假利用率高达90%。可见日本男性在协助育儿方面是非常消极的。[②]

女性育儿休假利用率远高于男性是多种原因导致的。第一，若妻子为专职主妇或者利用了育儿休假，公司通常会拒绝丈夫的育儿休假申请。这一问题目前已经得到了纠正，不论配偶情况如何，丈夫都可以获得育儿休假。[③]原则上，育儿休假是不允许分段申请的，但一些公司允许员工分段休假。[④]

第二，多数家庭是以丈夫的收入为主要经济来源的。尽管休假期间家庭能够获得收入，但雇用保险对育儿休假的给付金额是有上限的。在这种情况下，尽管能够获得育儿休假给付，但如果作为收入来源的丈夫开始休育儿假，家庭的收入就会减少。在养育子女阶段，家庭的开支通常较大，家庭收入减少会

[①] 『毎日新聞』2016年7月26日「男性の取得率2.65%、過去最高　女性81.5%」。
[②] 『日本経済新聞』2014年6月21日「専業主婦率2%の理由スウェーデン　就労と育児先進国」。
[③] 厚生労働省「改正育児・介護休業法のあらまし」。
[④] 参见男性育儿项目规划（イクメンプロジェクト）。

给家庭生活带来很大问题。①

第三，家庭分工意识。根据《日本经济新闻》的问卷调查结果，5名单身男性中会有1人希望妻子也工作。这表明当男性追求家庭收入增加时，也会希望女性外出工作。当单身女性被询问婚后想不想成为专职主妇，有三成以上的女性回答"计划成为专职主妇"或"如果可以的话希望成为专职主妇"。②这一方面说明边育儿边工作很辛苦，另一方面也可以理解为女性希望生育子女的心情。

三 终身未婚率的上升

育儿和工作难以调和并不是少子化问题的唯一原因，男性正式员工的比重降低也是原因之一。为什么男性正式员工比重降低会导致少子化问题呢？这是因为该现象与未婚率的上升有很大关联。目前，日本的终身未婚率不断上升（见图7-3）。《日本经济新闻》公布了一份厚生劳动省的问卷调查结果，20~29岁的单身男性中，有异性交往对象的非正式员工占18.7%，有异性交往对象的正式员工占30.7%，二者之间呈现出巨大差异。③总体来看，收入越低，有交往对象的男性比重就越低。

---

① 松田茂樹（2006）。
② 『日本経済新聞』2013年9月24日「独身女性、3人に1人が専業主婦希望 厚労省調査」。
③ 『日本経済新聞』2014年3月7日「『結婚したい』20代女性増加厚労省調査」。

在现今社会中，一个人生活十分方便。在便利店等可以买到便当，并不需要花费时间和精力亲手做饭。在这种环境下，人们便不太需要很早就结婚，也有了更多的时间慢慢寻找理想伴侣。另有研究显示，30~39 岁的未婚女性中，有 65% 希望结婚对象的年收入为 "400 万日元以上"。但是 30~39 岁的未婚男性中，年收入超过 400 万日元的人仅有 26%。[1]

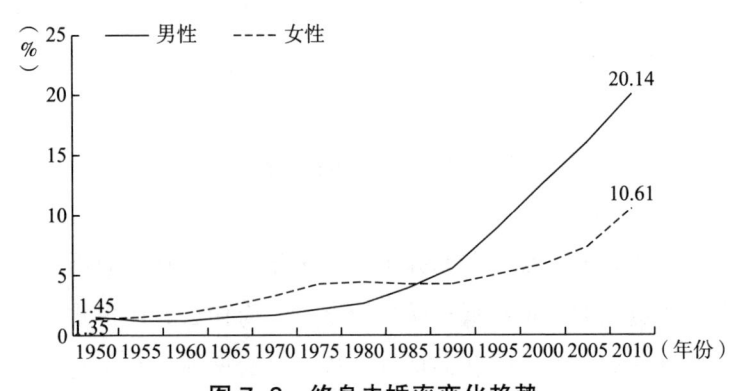

图 7-3 终身未婚率变化趋势

资料来源：根据内阁府「平成 27 年版少子化社会対策白書」制作。

图 7-4 显示了男性和女性在挑选结婚对象时重视和考虑的各种要素。可以看出，男性和女性都很重视结婚对象的人品。但是，在经济状况和职业两项要素上，男性和女性呈现出较大的差异。女性比较重视男性的经济状况，男性对女性的经济状况却没有太多要求，彼此也形成了补充。这也反映出 "女性很难像男性一样参与社会劳动，应该把重心放在家

---

[1] 『日本経済新聞』2015 年 5 月 5 日「(エコノ探偵団結婚しない人なぜ増えた？ 有利さ薄れ、制約も大きく 価値観が多様化、及び腰に)」。

庭上"的普遍社会认知。

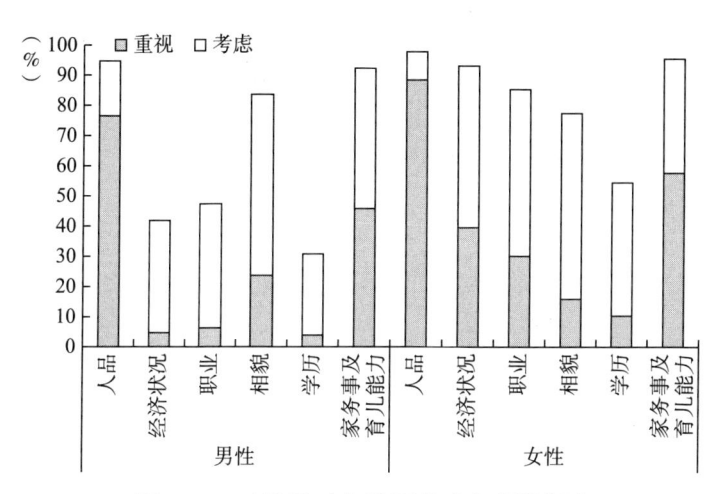

图 7-4　对结婚对象的要求（多项选择）

资料来源：根据厚生劳働省「平成 25 年版厚生労働白書」、国立社会保障・人口問題研究所「第 15 回出生動向基本調査」制作。

参考文献

イクメンプロジェクトホームページ
　(https://ikumen-project.jp/wlb/faq_system.php) 2017 年 7 月 1 日参照。
厚生労働省「育児・介護休業法のあらまし」
　(http://www.mhlw.go.jp/bunya/koyoukintou/pamphlet/32.html) 2017 年 6 月 28 日参照。
厚生労働省「改正育児・介護休業法のあらまし」
　(http://www.mhlw.go.jp/topics/2009/07/dl/tp0701-1o.pdf) 2017 年 6 月 28 日参照。

厚生労働省「平成29年10月1日から改正育児・介護休業法がスタートします」
(http://www.mhlw.go.jp/file/06-Seisakujouhou-11900000-Koyoukintoujidoukateikyoku/291001kaiseiri-fu.pdf) 2017年6月28日参照。

厚生労働省「平成25年版厚生労働白書」
(http://www.mhlw.go.jp/wp/hakusyo/kousei/13/) 2017年7月2日参照。

国立社会保障・人口問題研究所「第15回出生動向基本調査」
(http://www.ipss.go.jp/ps-doukou/j/doukou15/doukou15_gaiyo.asp) 2017年8月31日参照。

内閣府「男女共同参画白書平成25年版」
(http://www.gender.go.jp/about_danjo/whitepaper/h25/zentai/index.html) 2017年6月28日参照。

内閣府「男女共同参画白書平成26年版」
(http://www.gender.go.jp/about_danjo/whitepaper/h26/zentai/index.html) 2017年6月28日参照。

内閣府「男女共同参画白書平成29年版」
(http://www.gender.go.jp/about_danjo/whitepaper/h29/zentai/index.html) 2017年6月28日参照。

内閣府「平成27年版少子化社会対策白書」
(http://www8.cao.go.jp/shoushi/shoushika/whitepaper/measures/w-2015/27webhonpen/html/b1_s1-1-3.html) 2017年8月31日参照。

『日本経済新聞』2013年9月24日「独身女性、3人に1人が専業主婦希望　厚労省調査」。

『日本経済新聞』2014年3月7日「『結婚したい』20代女性増加厚労省調査」。

『日本経済新聞』2014年6月21日「専業主婦率2％の理由スウェーデン　就労と育児先進国」。

『日本経済新聞』2015年2月17日「マタハラ相談、年3000件超

『氷山の一角』との指摘も」。
ハローワーク「育児休業給付について」
　(https://www.hellowork.go.jp/insurance/insurance_continue.html#g2) 2017年7月1日参照。
『毎日新聞』2016年7月26日「男性の取得率2.65%、過去最高女性81.5%」参照。
松田茂樹「男性の育児休業取得はなぜ進まないか——求められる日本男性のニーズに合った制度への変更」Life Design Report 2006.11-12
(http://group.dai-ichi-life.co.jp/dlri/ldi/watching/wt0611a.pdf) 2017年7月1日参照。

第八章
困扰年轻父母的问题之一：待机儿童

制定相关政策以实现育儿与工作间的平衡是少子化对策中不可缺少的一环。为实现育儿与工作的平衡，保育机构不可或缺。然而，当前日本的保育市场存在很多问题，有很多儿童排队等候已久但仍未等到保育机构的空位（所谓的"待机儿童"）。这其中到底存在怎样的困境？

一 幼儿园和保育园

幼儿园属于教育机构，保育园则属于保育机构。原则上，作为教育机构的幼儿园照看儿童的时间为4个小时，保育园的照看时间为8个小时（见表8-1）。[①] 如果家长想在工作时间里

[①] 内閣府「教育時間・保育時間について（案）第4回こども指針（仮称）ワーキングチーム資料」。

把孩子托付给机构照顾，幼儿园的照看时间是远远不能满足家长需求的。而且，因为保育园并不是完全不开展教育活动，所以事实上家长对保育园的需求更高。笔者也记得自己儿时在保育园里学习了读写知识。从笔者居住的西宫市来看，幼儿园招生仍有空位，但保育园已经远远超员。①

表 8-1　幼儿园与保育园的差别

类型	幼儿园	保育园
目的	由文部科学省管辖的教育机构	由厚生劳动省管辖的保育机构
最低入园年龄	3 岁	0 岁
照看时间	原则上 4 个小时	原则上 8 个小时
餐食	没有规定	含餐
入园的条件	没有规定	在照顾孩子方面存在困难时

资料来源：根据ホームメイトホームページ「保育園と幼稚園の仕組みの違い」、『日本経済新聞』2015 年 1 月 1 日「地域型保育サービス、本格スタート（ここに注目 2015）」制作。

保育园分为受到法律认可的保育园和法律认可外保育园。法律认可保育园指持有资格证书的保育员人数、保育园的面积等达到一定标准，运营受到财政补贴支持，收费较低的机构（见表 8-2）。法律认可保育园的收费标准是根据家长的收入确定的。当母子单亲家庭的收入低于一定标准时，还可以免除入园的保育费用。②

---

① 西宫市「保育所待機児童解消計画について」。
② 西宫市「平成 29 年度利用者負担額（保育料）」。

表8-2 法律认可保育园的配置标准

儿童年龄段	保育员配置 （儿童人数：保育员人数）	保育室的面积标准
0岁	3∶1	婴儿间：1.65平方米 活动间：3.3平方米
1~2岁	6∶1	1.98平方米
3岁	20∶1	1.98平方米
4~5岁	30∶1	1.98平方米

资料来源：根据内阁府「保育の現状」制作。

法律认可外保育园指设施内配置没有达到规定标准，尚未成为法律认可保育设施。能够达到法律认可保育设施标准的场地非常难找到，越是靠近市中心，这种场地就越稀缺。如果要求在保育设施中设置庭院，就很难在市中心找到可以使用的土地了。如果靠近公园，保育设施可以将附近的公园作为庭院代替使用。对于那些尚未达到法律认可标准的保育园，东京都设定了自己的标准。如果保育设施达到东京都的标准，就可以享受一定程度的财政补贴。[①]

保育园有各种形式的保育服务。例如，在8个小时儿童照看时间以外，还可以延长照看时间；提供深夜保育服务，也就是所说的"儿童旅馆"（baby hotel）。[②]另外，一些保育园提

[①] 東京都「認証保育所について」。
[②] 厚生労働省「平成28年版厚生労働白書」；『毎日新聞』2016年6月3日「『ベビーホテル』基準違反の施設も 夜間保育、課題抱え」。

供照顾生病儿童的保育服务。① 还有提供居家儿童照看服务的"保育妈妈"小型居家保育机构。②

二 待机儿童问题

在各种各样的保育服务中，家庭对法律认可保育园的需求最多，法律认可保育园供不应求是目前最大的问题，也就是待机儿童问题。近藤干生（2014）提到了1999年厚生劳动省对待机儿童问题进行的相关解释："'待机儿童'是指向市区町村提交了保育园入园申请，并且符合入园条件，但没有保育园能够接收的儿童。"

经过2001年对"待机儿童"定义的追加调整，目前的待机儿童还包括那些正在利用市町村独立保育机构的儿童和父母正在寻找工作的儿童。下列几种情况不属于待机儿童：正在利用自治体保育机构的儿童、因特别入园要求未能进入保育园的儿童、因家长个人原因而等候入园的儿童等。

2017年，对待机儿童的解释又有了一项追加调整。当正在休育儿假的家长有回归职场的意愿时，他们的孩子也会被视为待机儿童。③ 在此之前，这种情况未被纳入待机儿童范围。

---

① NPO法人フローレンス「フローレンス病児保育概要」。椎名（2014）的《37.5度的眼泪》以患病儿童的保育为主题，书中提到，当儿童体温超过37.5度时会被判断为发烧，普通的保育园不会接收。
② NPO法人家庭的保育全国連絡協議会「家庭的保育とは」。
③ 『日本経済新聞』2017年3月30日「復職希望なら育休中も待機児童に 厚労省、定義見直し案」。

这些过去未被纳入和承认的待机儿童也被称为"隐性待机儿童"。据推算，截至 2016 年 4 月，不能利用法律认可保育园、因为不符合定义标准而未被统计的待机儿童数量大约有 6.7 万人。

如图 8-1 所示，日本待机儿童的数量居高不下。不同的自治体对待机儿童的定义也不同。猪熊弘子（2014）提到，横滨市实现了"零待机儿童"这一目标，但其未将家长正在利用互联网寻找工作的儿童计算在内。同样实现了"零待机儿童"目标的千叶市也未将因子女无法入园而延长育儿休假的家庭考虑在内，而东京都的世田谷区将此种情况算作待机儿童。因统计口径不一，无法进行自治体数据的横向比较。①

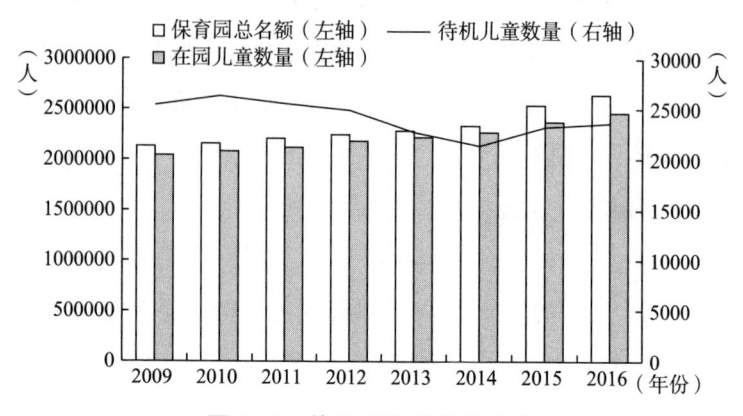

图 8-1 待机儿童的数量变化

资料来源：根据厚生劳働省「保育所等関連状况取りまとめ（平成 28 年 4 月 1 日）」制作。

---

① 『日本経済新聞』2015 年 5 月 29 日「待機児童 12% 減少首都圏 18 区と 4 政令市、本社調査 世田谷など 8 区は増加」。

第八章　困扰年轻父母的问题之一：待机儿童

人们也许会认为，多建立一些保育机构就可以解决待机儿童问题。增设保育机构存在以下几个障碍。

第一个障碍是财政来源。根据猪熊弘子（2014）的研究，对私立的法律认可保育园的补贴比重标准是：中央财政占补贴金额的一半，都道府县和市町村分别占补贴金额的1/4。公立保育园的财政补贴比重标准由各自治体自行制定。一般来说，一个120人规模的法律认可保育园需要1.5亿日元的建设费用，每年的运营成本约为1亿日元。也就是说，建立保育机构的花费不仅包括建设费用，还包括运营费用和补助金。

第二个障碍是很难找到适合开发的土地。根据《日本经济新闻》的一项调查，建立保育机构的最大障碍来自"获得土地和建筑"，其次分别为"获得财政来源"和"招募保育员"。[①]每当一块土地即将作为保育机构用地投入使用，都会收到附近居民的大量反对意见，如担心噪声问题等。解决保育机构的用地问题有各种办法。例如，西宫市将闲置的公务员宿舍进行改造，用于开展"保育妈妈"等小型居家保育服务。[②]小型居家保育机构虽然不属于法律认可保育园，但代替法律认可保育园发挥了很大的作用。又如，东京都制定了方针，在都立公园附近建设保育园。[③]

在解决保育机构用地时也产生了一些问题。例如，为了解

[①]『日本経済新聞』2014年11月30日「待機児童対策、用地・保育士不足が課題首都圏自治体本社・日経DUAL共同調査」。
[②]財務省近畿財務局神戸財務事務所「国家公務員宿舎を活用した保育ママ事業を実施」。
[③]『日本経済新聞』2014年10月11日「東京都、都立公園に保育所　待機児童解消へ駐車場など活用」。

决用地问题，一些保育机构开设在通行电车的高架桥下面。①
这样的土地确实比较容易获取，也较少遭到市民的反对，比较容易实现保育机构的建设和运营。但是，在这种地方建起来的保育机构存在噪声和采光差问题，并不适合儿童生活和成长。人们希望待机儿童问题能够更好地得到解决，但很多时候问题的解决方式并不像人们希望的那样周全。

随着待机儿童数量不断增长，很多市町村采取了定员弹性（保育机构入园人数达到最低标准时，可以适当上浮入园人数）措施。目前约80%的市町村认可这一政策，约68%的市町村保育园正在按照这个标准接收待机儿童。②

小林（2015）提出，虽然法律认可外保育园的儿童死亡事故多于法律认可保育园，但法律认可保育园也会发生儿童死亡、受重伤等事故。虽然人们往往认为法律认可外保育园没有达到法律认可标准，更容易发生安全事故，但实际上法律认可保育园保育员的劳动强度更大、劳动时间更长，也没有足够的精力顾及更多安全问题。

日本全国有24000所保育园，其中公立保育园占四成，社会福利法人开设的保育园占五成，股份有限公司和有限责任公司等经营的保育园目前占整体的2%。虽然股份有限公司运营的保育园也得到承认，但是在补贴标准和待遇上存在差距。根据规定，市町村要按照补贴总额的1/4对私立保育园进行补

---

① NHK MIRAIMAGINE「減らせ待機児童　高架下に増える保育所」。
② 内閣府「確認制度について（定員の考え方を中心に）」。西宮市也出现了幼儿园人数招不满但保育园超员的情况，参见西宮市「保育所待機児童解消計画について」。

贴。但是，在支付这笔补贴时，市町村会根据法人类别采用不同的补助率和补助条件，最终会优待社会福利法人开设的保育园。①

三 保育市场的前景

保育员的待遇并不都是好的②（见表8-3）。公立保育园的保育员享受公务员待遇，私立保育园的保育员待遇远远达不到这个标准。待遇不高造成了保育员的紧缺。要想解决待机儿童的问题，不仅要确保保育机构的建筑用地，还要确保足够数量的保育员以实现机构的正常运营。

表8-3 保育行业从业人员情况

类型	平均年龄（岁）	连续工作年数（年）	规定工资额（千日元）
全行业	41.7	11.8	325.6
保育员	35.0	7.8	214.2
家庭保姆	44.6	5.1	208.5
福利机构护理员	38.3	5.5	218.4
幼儿园教师	31.6	7.4	225.0
看护师	37.3	7.1	326.9

资料来源：根据厚生労働省「保育分野における人材不足の現状」制作。

① 『日本経済新聞』2014年6月26日「保育所参入企業に障壁　公取委、自治体に改善要求『社会福祉法人の優遇見直しを』」。
② 参见小林美希（2015）、保育士.net「将来どうなる？公立保育所と私立保育所の給与格差　最新データに注目！」。

以下基于厚生劳动省公布的《保育行业人才不足现状》说明保育员的现状。指定保育员培养机构的毕业生中，大约一半人没有就职于保育机构。同时，在公共职业安定所（日本职业介绍所）统计的持有保育员资格证书的求职者中，约有一半人并不以保育员为求职目标。此外，有超过一半的保育员从事保育工作的年数不超过5年，也有入职后很快就离职的现象。

目前就职于保育机构的保育员人数约为37.8万人，而全国持有保育员资格证书但没有从事保育工作的"潜在保育员"有60万人之多。

对于在岗的保育员来说，不愿意继续从事保育工作的主要原因是"责任重大、担心工作中发生事故"；对于离职后再就业的人来说，不再从事保育工作的主要原因是"工作时间不理想"。不愿意从事保育工作的原因中，还有"工资水平不理想""休闲时间少、很难休假"等，保育员的就业环境有待改善。

小林（2015）介绍了《东京都保育员情况调查报告书》的问卷调查结果。离职的最常见原因是"怀孕和生产"，其次是"工资低"（见图8-2）。保育机构的存在能够让人们兼顾育儿和工作，是今后少子化对策的关键点，但在保育机构工作的保育员自身都难以兼顾工作和育儿，这就非常讽刺了。《东京都保育员情况调查报告书》显示，从正式员工的工作情况来看，每周工作6天以上的劳动者比重达31.2%，每天工作9个小时以上的劳动者比重高达47.6%。此外，对北海道220家保育机构进行的调查显示，保育机构的违法情况也非常多，违反法定劳动时间、加班报酬不合法等事例多达181件。

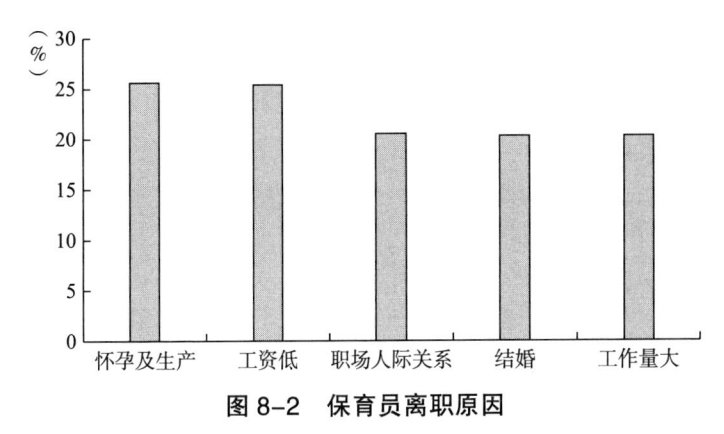

第八章 困扰年轻父母的问题之一：待机儿童

图 8-2 保育员离职原因

注：问卷调查的问题为多选题。
资料来源：根据厚生劳働省「保育分野における人材不足の现状」制作。

图 8-3 显示的是日本为了确保保育员人数满足需求而采取的措施，例如为考取保育员资格证书提供支援等。但正如前文数据显示的那样，很多人考取了保育员资格证书，但并未从事保育工作。这个支援计划是不能够解决所有问题的。改善保育员的待遇、直接提高保育员的工资水平是有效的措施之一。这与护理员的薪资待遇问题是类似的。护理员的护理报酬很难

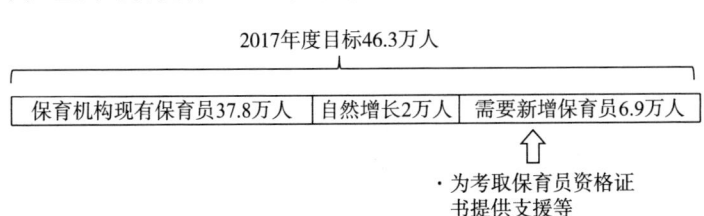

2017年度目标46.3万人

| 保育机构现有保育员37.8万人 | 自然增长2万人 | 需要新增保育员6.9万人 |

- 为考取保育员资格证书提供支援等
- 提高保育员的待遇
- 推进实施一年两次的保育员测试等

图 8-3 保育员支援计划

资料来源：根据厚生劳働省「保育士确保プラン」制作。

提高，针对保育员的补助金也很难上调，两者的问题是共通的。

参考文献

猪熊弘子（2014）「『子育て』という政治 少子化なのになぜ待機児童が生まれるのか?」角川SSC新書。

NHK MIRAIMAGINE「減らせ待機児童 高架下に増える保育所」
　　(http://www.nhk.or.jp/shutoken/miraima/articles/00008.html?00008) 2017年7月4日参照。

NPO法人家庭的保育全国連絡協議会「家庭的保育とは」
　　(http://www.familyhoiku.org/about/) 2017年7月3日参照。

厚生労働省「平成28年版厚生労働白書」
　　(http://www.mhlw.go.jp/wp/hakusyo/kousei/16-2/dl/08.pdf) 2017年7月3日参照。

厚生労働省「保育士確保プラン」
　　(http://www.mhlw.go.jp/stf/houdou/0000070943.html) 2017年7月4日参照。

厚生労働省「保育所等関連状況取りまとめ（平成28年4月1日）」
　　(http://www.mhlw.go.jp/file/04-Houdouhappyou-11907000-Koyoukintoujidoukateikyoku-Hoikuka/0000098603_2.pdf) 2017年7月3日参照。

厚生労働省「保育分野における人材不足の現状」
　　(http://www.mhlw.go.jp/file/06-Seisakujouhou-11600000-Shokugyouanteikyoku/0000057759.pdf) 2017年7月4日参照。

小林美希（2015）『ルポ　保育崩壊』岩波新書。

近藤幹生（2014）『保育とは何か』岩波新書。

財務省近畿財務局神戸財務事務所「国家公務員宿舎を活用した保育ママ事業を実施」
　　(http://kinki.mof.go.jp/content/000014562.pdf) 2017年7月4日参照。

椎名チカ（2014）『37.5℃の涙』小学館。
東京都「認証保育所について」
　　（http://www.fukushihoken.metro.tokyo.jp/komodo/hoiku/ninsyo/）2017 年 7 月 3 日参照。
東京都「東京都保育士実態調査報告書」
　　（http://www.metro.tokyo.jp/INET/CHOUSA/2014/04/DATA/60o4s201.pdf）2017 年 7 月 4 日参照。
内閣府「教育時間・保育時間について（案）第 4 回こども指針（仮称）ワーキングチーム資料」
　　（http://www8.cao.go.jp/shoushi/shinseido/meeting/review/wg/shishin/k_4/pdf/sl.pdf）2017 年 7 月 3 日参照。
内閣府「確認制度について（定員の考え方を中心に）」
　　（http://www8.cao.go.jp/shoushi/shinseido/meeting/kodomo_kosodate/k_8/pdf/s3.pdf）2017 年 7 月 4 日参照。
内閣府「保育の現状」
　　（http://www8.cao.go.jp/kisei-kaikaku/kaigi/meeting/2013/committee/130321/item7.pdf）2017 年 7 月 3 日参照。
西宮市「平成 29 年度利用者負担額（保育料）」
　　（http://www.nishi.or.jp/contents/0003372700030008700514.html）2017 年 7 月 3 日参照。
西宮市「保育所待機児童解消計画について」
　　（http://www.city.ashiya.lg.jp/kodomoseisaku/shinseido/documents/kentoul-shiryou11.pdf）2017 年 7 月 3 日参照。
『日本経済新聞』2014 年 6 月 26 日「保育所参入企業に障壁　公取委、自治体に改善要求『社会福祉法人の優遇見直しを』」。
『日本経済新聞』2014 年 10 月 11 日「東京都、都立公園に保育所　待機児童解消へ駐車場など活用」。
『日本経済新聞』2014 年 11 月 30 日「待機児童対策、用地・保育士不足が課題首都圏自治体本社・日経 DUAL 共同調査」。
『日本経済新聞』2015 年 1 月 1 日「地域型保育サービス、本格スタート（ここに注目 2015）」。

『日本経済新聞』2015年5月29日「待機児童12%減少首都圏18区と4政令市、本社調査　世田谷など8区は増加」。

『日本経済新聞』2017年3月30日「復職希望なら育休中も待機児童に　厚労省、定義見直し案」。

NPO法人フローレンス「フローレンス病児保育概要」
　　(http://byojihoiku.florence.or.jp/service/) 2017年7月3日参照。

保育士.net「将来どうなる？公立保育所と私立保育所の給与格差　最新データに注目！」
　　(https://www.e-hoikushi.net/) 2017年7月5日参照。

ホームメイトホームページ「保育園と幼稚園の仕組みの違い」
　　(https://www.homemate.co.jp/useful/kindergarten/) 2017年7月3日参照。

北海道労働局「保育所等に対する監督指導結果について（2014）」
　　(http://www.fukuho-tokai.jp/bt/updata/bt_20140206123518.pdf) 2017年7月4日参照。

『毎日新聞』2016年6月3日「『ベビーホテル』基準違反の施設も　夜間保育、課題抱え」。

第九章
困扰年轻父母的社会问题之二：社会养护

对于那些因特殊原因而无法和父母一起生活的孩子，政府有责任进行社会养护。社会养护的方式有很多，如儿童养护设施、家庭收养等形式（见表9-1）。本章将阐述开展社会养护的理由以及在社会养护环境下成长的孩子遇到的问题。

表9-1 社会养护的不同类型

类型	养护对象
婴儿院	婴儿（特殊情况下幼儿也包含在内）
儿童养护设施	没有监护人的儿童、遭到家人虐待的儿童以及出于其他原因需要社会养护的儿童（特殊情况下婴儿也包含在内）
情感障碍儿童短期治疗设施	患有轻度情感障碍症的儿童

续表

类型	养护对象
儿童自立支援设施	品行不端或有形成不良行为倾向的儿童以及出于家庭环境或其他环境因素而需要接受生活指导的儿童
母子生活支援设施	没有配偶或处于类似情况的女性以及需要这些女性照顾的儿童
自立援助之家	已经完成了义务教育并离开儿童养护设施的儿童

资料来源：根据厚生劳働省「社会的養護の現状について（参考資料）」制作。

一 什么是社会养护

根据厚生劳动省的《社会养护现状介绍（参考资料）》，对于那些失去监护人的儿童、被虐待而无法与监护人继续共同生活的儿童，政府有责任进行社会养育和保护，也有责任为相关的抚养家庭提供支援，这就是社会养护。除了儿童养护设施等机构养护外，还有在家庭中养育儿童的收养方式，以及在养育者家中进行家庭养育的寄养方式。入住儿童养护设施的儿童数量从1995年的27145万人上升到2013年的28831万人，近些年呈现出下降趋势。而被收养和被寄养的儿童数量从1999年的2122人持续增长到2012年的5407人。

本节接下来将基于社会福利法人全国社会福祉协议会、全国儿童养护设施协议会的资料，对儿童养护设施的情况做进一步说明。作为一种儿童福利机构，儿童养护设施指："出于意外灾害或事故、父母离异或患病以及受到不合理对待等各种原因，难以继续由家人抚养的2~18岁的孩子，儿童养护设施将代替孩子的原生家庭，在提供生活场所的同时，培养儿童的合作能力和同情心。"儿童养护设施为儿童的幸福和身心健康提供保障，并帮助他们实现自立。目前，日本全国约3万名2~18岁孩子在约600家儿童养护设施生活。为了在更加稳定的人际关系下养育这些孩子，目前各地政府正在推进设施的小规模化改革。①

孩子进入儿童养护设施的原因中，过去最常见的原因是亲生父母失踪，近年来受到父母虐待成为主要原因。②根据前文提到的厚生劳动省的资料，在入住儿童养护设施的孩子中，有半数以上受到过家庭虐待。

二　儿童虐待与儿童咨询所

有关儿童虐待的咨询数量近年来持续上涨（见图9-1）。关于儿童虐待咨询数量增多的原因之一是儿童虐待已经成为社会问题。

如表9-2所示，儿童受到虐待的类型中，心理虐待最多，其次为身体虐待。而且，孩子被生母虐待的情况是最多的，其

---

① 社会福利法人全国社会福祉协议会、全国儿童养护设施协议会的资料显示，20人以上的大型儿童养护设施目前占总体的40%以上，在所有规模类型中占比最大。
② 厚生劳働省「児童養護施設入所児童等調査結果」。

次是被生父虐待的情况。在遭受虐待的儿童中，约有八成小学及小学以下的孩子（见图9-2）。如表9-2所示，《儿童虐待防止法》将四类行为定义为虐童，指出虐待儿童是"监护人对其本应保护和监督（监护）的未满18周岁孩子（儿童）造成的身心伤害，以及对儿童健康成长和人格塑造造成的不良影响"。①

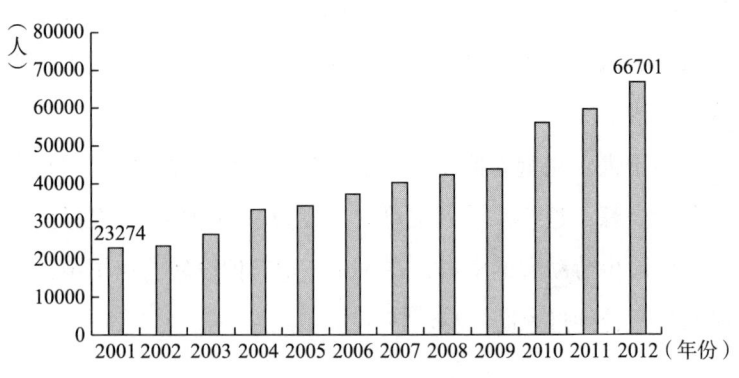

图 9-1　儿童虐待的咨询数量变化

资料来源：根据厚生劳働省「児童虐待相談の対応件数及び虐待による死亡事例件数の推移」制作。

表 9-2　虐童事件的类型

虐待类型	内容	比例
身体侵害	对孩子的身体造成损伤或者施加暴行危及孩子的生命 如殴打、用烟头戳孩子的身体	32.9%

---

① 宫城县東部児童相談所「子ども虐待防止セミナー　虐待が発見されてからの流れ・ケース会議・措置制度などについて」。

续表

虐待类型	内容	比例
性侵害	猥亵孩子或强迫孩子做不雅动作 如对孩子进行性方面的猥亵或强迫其进行性行为等	2.1%
冷暴力	监护人对孩子不关心、不回应、不理睬，或对保护和监督孩子等职责十分怠慢 如毫不关心孩子的健康和安全	26.6%
心理虐待	用言语或态度中伤孩子，对孩子的心理造成严重的伤害 如反复威胁孩子或用无情言语中伤孩子	38.4%

资料来源：根据厚生労働省「児童虐待の定義と現状」、厚生労働省「児童虐待相談の対応件数及び虐待による死亡事例件数の推移」制作。

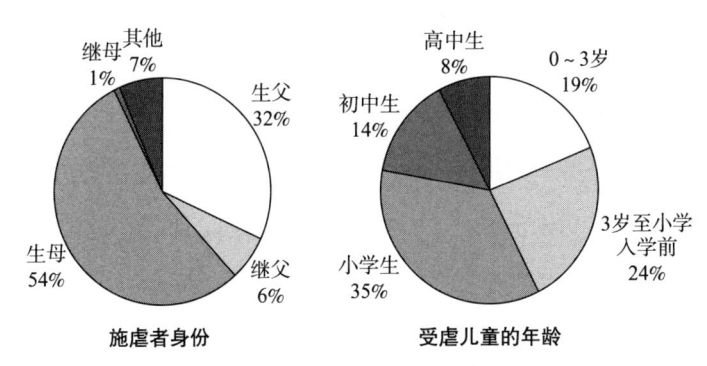

施虐者身份：生父 32%、生母 54%、继父 6%、继母 1%、其他 7%

受虐儿童的年龄：0~3岁 19%、3岁至小学入学前 24%、小学生 35%、初中生 14%、高中生 8%

图 9-2 虐童事件的当事人情况

资料来源：根据厚生労働省「児童虐待相談の対応件数及び虐待による死亡事例件数の推移」制作。

受到虐待的儿童有一系列特征，如表情阴郁、情感不外露、话少、对大人的脸色和言行感到害怕、行为尴尬、多动、言语粗暴、经常做出引人注目的行为、动作僵硬不自然等。①

另外，数据显示，每4名生活在儿童养护设施的孩子中，就有1名残疾儿童。②那些健全孩子很容易就能做到的事情，残疾孩子往往很难完成。在这种情况下，父母养育孩子时就会产生压力，进而导致其虐待孩子。据《日本经济新闻》报道，因虐待死亡的儿童中，有44%是因意外怀孕而生下的不满1岁的孩子。③

为了防止虐童事件的发生，相关法律做出了一系列规定。例如，从事儿童福利相关工作的人员有尽早发现受虐儿童的义务。除此之外，任何人发现受虐儿童后，都有义务向市町村或都道府县的福利办公室和儿童咨询所举报。④

儿童养护设施等设施的入住手续由各都道府县的儿童咨询所办理。根据宫城县东部儿童咨询所的资料，儿童咨询所指："为18岁以下的孩子及其家庭提供咨询，综合医学、心理学、教育学、社会学和精神保健等方面的判断和必要的社会调查，提供面对面指导、儿童福利设施入住或收养家庭委托等方面的援助或采取相关措施。"当儿童遭受虐待时，儿童咨询所为儿童提供保护（见图9-3）。

---

① 東京都江戸川区「明るい未来を子どもたちに～江戸川区児童虐待防止ガイド～」。
② 厚生労働省「社会的養護の施設等について」。
③ 『日本経済新聞』2014年9月19日「虐待死0歳児が44%　事例10年分検証、背景に望まぬ妊娠」。
④ 厚生労働省「気づいたときの対応法：児童虐待に気づいたときの対応」。

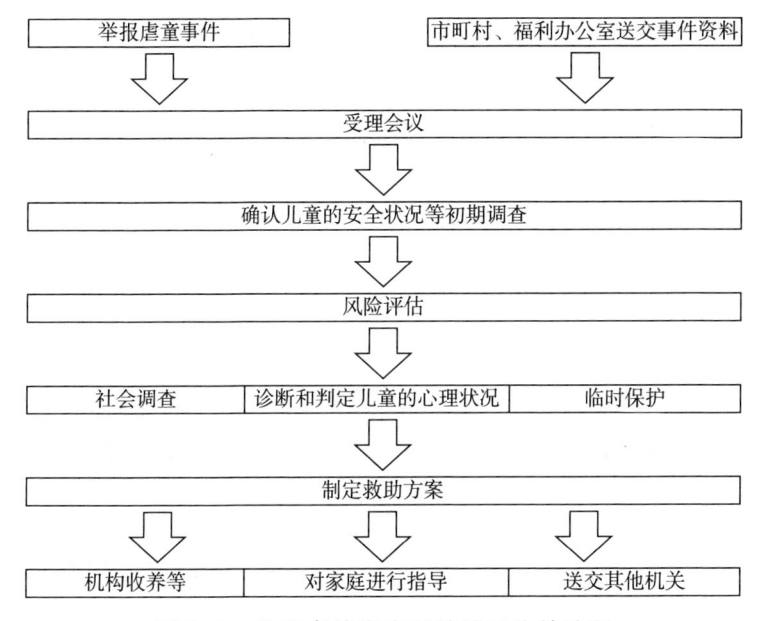

第九章　困扰年轻父母的社会问题之二：社会养护

```
┌─────────────────┐           ┌───────────────────────────┐
│  举报虐童事件   │           │市町村、福利办公室送交事件资料│
└────────┬────────┘           └──────────────┬────────────┘
         ▽                                   ▽
         ┌───────────────────────────────────┐
         │             受理会议              │
         └─────────────────┬─────────────────┘
                           ▽
         ┌───────────────────────────────────┐
         │    确认儿童的安全状况等初期调查   │
         └─────────────────┬─────────────────┘
                           ▽
         ┌───────────────────────────────────┐
         │             风险评估              │
         └─────────────────┬─────────────────┘
                           ▽
┌──────────┐   ┌─────────────────────┐   ┌──────────┐
│ 社会调查 │   │诊断和判定儿童的心理状况│   │ 临时保护 │
└──────────┘   └──────────┬──────────┘   └──────────┘
                           ▽
         ┌───────────────────────────────────┐
         │           制定救助方案            │
         └───────────────────────────────────┘
           ▽              ▽              ▽
    ┌──────────┐  ┌──────────────┐  ┌──────────────┐
    │机构收养等│  │对家庭进行指导│  │ 送交其他机关 │
    └──────────┘  └──────────────┘  └──────────────┘
```

图 9-3　儿童虐待咨询及救助工作的流程

资料来源：根据宫城县东部儿童相谈所「子ども虐待防止セミナー　虐待が発見されてからの流れ・ケース会議・措置制度などについて」制作。

NHK 官方网站上解释了"临时保护"的步骤[①]。例如，一个女孩在学校被好朋友看到自己身上的瘀青，而女孩穿着可以遮挡瘀青的衣服。儿童咨询所的职员在接到疑似虐童事件的报告后便联系了学校，并对女童的瘀青进行了确认，为她提供"临时保护"。在获得保护后，儿童咨询所的职员在女孩的身上发现了更多伤痕。如果能在较早阶段发现受到虐待的儿童并为其提供保护，因为遭受虐待而死亡的儿童就会减少很多。但

---

① NHK「密着儿童虐待介入班」。

是，2013年4月之后的仅1年时间里，被虐待致死的儿童就多达69人，出现较快增长。①

儿童咨询所对儿童的暂时照管称为"临时保护"。②这既是一项重要的行政职权，也是让孩子脱离危险环境的重要保护手段。③《儿童虐待防止法》规定，基于《儿童福利法》提供的临时保护最长不得超过两个月。很多儿童咨询所的临时保护儿童数量已经超过定员，从现状来看，很难说临时保护增多问题得到了有效应对。④

除了办理儿童养护设施入住手续，儿童咨询所还提供与育儿相关的各种咨询服务（见表9-3）。

表9-3　儿童咨询所的咨询服务分类

类型	咨询对象
1. 养育咨询	・抚养儿童存在困难的家庭 ・受虐待的儿童
2. 保健咨询	・早产儿童、体弱儿童，以及患有脏器功能障碍、哮喘或精神疾病的儿童
3. 残疾咨询	・身体残疾、有认知障碍或发育障碍的儿童

---

① 厚生労働省「児童虐待相談の対応件数及び虐待による死亡事例件数の推移」。
② 厚生労働省「子ども虐待対応の手引き」。
③ 防止虐待儿童的相关法律规定："当判断儿童有受到虐待的可能时，儿童委员或儿童福利的相关从业人员在获得都道府县知事许可后时，可以进入儿童的居所进行必要的调查取证。"关于儿童咨询所的具体工作，可以参考夾竹桃ジン・水野光博・小宮純一（2011）和さかたのり子・穂実あゆこ（2015）等著作。
④ 厚生劳动省在《关于临时保护所的现状》中提到，有超过40%自治体的临时保护人数已经超过了上限。

续表

类型	咨询对象
4.不良行为咨询	·有违法行为、将来有可能出现不正当行为的儿童
5.培养咨询	·因养育子女的困难及压力而出现不良行为的家长、患有情感障碍症的儿童、抗拒上学的儿童

资料来源：根据厚生労働省「児童相談所運営指針の改正について」制作。

社会福利法人全国社会福祉协议会、全国儿童养护设施协议会的资料中提到，住在儿童养护设施的孩子的年龄为10~19岁，入住儿童养护设施时的年龄多为2岁。另外，儿童在儿童养护设施的平均居住时间为4.6年，11%的儿童居住时间超过了10年。

社会养护机构的类型还有很多，婴儿院是其中之一。婴儿院是养育那些无法得到监护人抚养的婴幼儿的设施。除了抚养这项基本功能外，婴儿院还可以为受到虐待的婴儿、患病婴儿和残障婴儿提供专业的抚养服务。多数情况下婴儿院对婴儿的收留是短期的。①

如果监护人难以抚养婴幼儿，孩子就不得不在婴儿院里继续生活。按照机构变更规定，当孩子超过2岁时，婴儿院将把孩子转移到儿童养护设施。笹谷、椎名（2012）的《新·冰冷的眼睛》指出，这种机构变更可能让孩子感到不安，因为孩子好不容易和婴儿院的工作人员建立了信赖关系，2岁之后又要

---

① 厚生労働省「社会的養護の施設等について」。

入住新的养护机构。此外，儿童养护设施的卫生间和楼梯等都不适合低龄儿童使用。考虑到上述问题，很多婴儿院实际上会抚养儿童到6岁。

不同的社会养护方式下的儿童数量也不尽相同，近年来，被收养的儿童数量呈现出增长趋势。与儿童养护设施等大型机构不同，收养制度下的孩子会在家庭环境中被抚养长大。①

收养制度的优势在于，在成长过程中，孩子在家庭中生活可以与大人建立起亲密关系。但是，在日本的社会养护中，机构养护占九成，收养方式只占一成。与欧美相比，日本的社会养护更偏向于机构养护。在养父母家中生活的孩子有5903人，收养率仅为16.5%。自治体之间的收养率差距也很大。一些地区积极利用收养方式，收养申请率超过40%，例如新潟县达到41.4%。一些地区近年的收养申请率大幅度上升，例如福冈市和大分县分别达到了32.4%和28.5%。

三 如何实现自立

社会养护还与儿童日后的自立问题相关联。离开儿童养护设施的孩子大多为初中学历或高中学历，大学毕业的人仅占3.2%（见图9-4）。现在，日本的大学升学率已经达到了50%。在社会养护下长大的孩子为何难以进入大学呢？

---

① 厚生労働省「里親制度等について」。

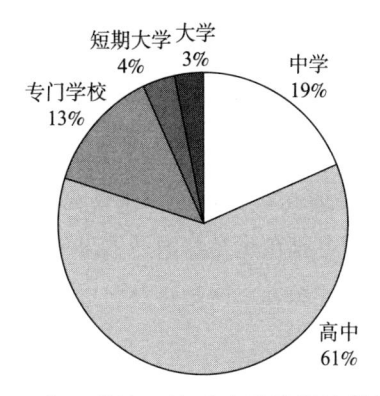

第九章 困扰年轻父母的社会问题之二：社会养护

图 9-4　离开养护设施时孩子的最终学历情况

注：2015 年调查数据。

资料来源：根据東京都「児童養護施設等退所者の実態調査結果」制作。

原因之一是学费问题。在高中阶段，"高等学校等就学支援金"制度[①]可以解决孩子的学费等问题。但是到了大学阶段，学费的负担变重了。学生依然可以利用学费减免制度，但是数额远远不足。如果心仪的大学距离居住地较远，就需要在学校附近租房居住[②]，花销便会增多。校外补习班更是他们无法企及的教育环节了。以上是离开儿童养护设施的孩子遇到的经济困难。

针对上述问题，武藤素明（2012）提出了一系列解决方案。例如，完善担保人制度和奖学金制度、提供无息助学贷款[③]，以

---

① 文部科学省「高等学校等就学支援金（新制度）Q＆A」。
② 日本大学的学生宿舍并不完备，在学校附近租房居住是普遍现象。——译者注
③ 政府层面已经有一些关于免除大学学费（或提供相应补助）的讨论。但是，根据《日本经济新闻》的报道，如果想实现大学学费的完全免费，那么必须确保 3.1 万亿日元的财政拨款，财政来源是个巨大的课题。

及将监护人制度延长至孩子能够在社会上自立[①]。

针对上述问题，政府也进行了各种各样的改革。例如，儿童养护设施的离退年龄为18周岁，如果离退者仍在上大学，可以在儿童养护设施居住到20岁。如果离退者到20岁后也依然需要支援，甚至可以在儿童养护设施居住到大学毕业[②]。

学历与就业方式存在一定程度的关联。非正式员工占日本全部劳动力人口的比重接近40%，而儿童养护设施出身的人中，非正式员工比重远高于全国总体水平（见图9-5）。

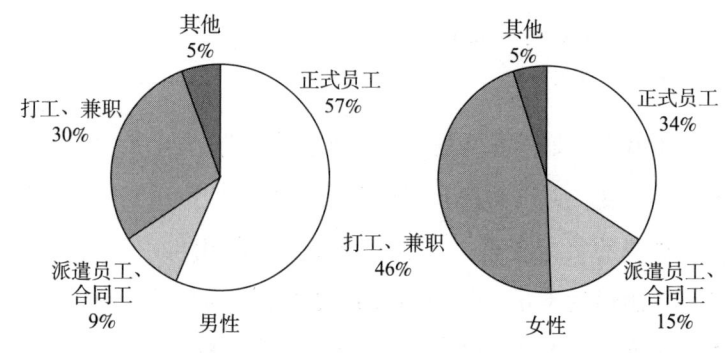

图9-5 就业方式比较

资料来源：根据東京都「児童養護施設等退所者の実態調査結果」制作。

非正式员工的工作不稳定，工资待遇也没有正式员工那么高，往往难以确保生活的安稳。这也会进一步带来儿童贫困问题。

[①] 成年监护制度是为了保护儿童而制定的，因为考虑到有些儿童在成年后依然不具备良好的判断力。有关成年监护制度的内容参见裁判所「成年後見制度についてよくある質問」。
[②] 厚生労働省「児童養護施設等及び里親等の措置延長等について」。

第九章　困扰年轻父母的社会问题之二：社会养护

关于未来想从事的职业，儿童养护设施中的初中生和高中生存在差别。初中生更倾向于从事体育方面的工作，而高中生中希望进入工厂工作的占比最高。虽然上述选择可能是孩子们直面现实的结果，但是有必要制定相关政策，让所有孩子都能够平等地拥有梦想并为之努力。①

参考文献

NHK「密着児童虐待介入班」
　　(http://www.nhk.or.jp/ohayou/marugoto/2012/10/1023.html) 現在は閉鎖。
夾竹桃ジン・水野光博・小宮純一 (2011)『ちいさいひと　青葉児童相談所物語』小学館。
厚生労働省「一時保護所の現状について」
　　(http://www.mhlw.go.jp/bunya/kodomo/kaigi/dl/110803-01-02.pdf) 2017年7月4日参照。
厚生労働省「気づいたときの対応法：児童虐待に気づいたときの対応」
　　(http://www.mhlw.go.jp/kokoro/parent/teacher/corresponds/corresponds_03.html) 2017年7月4日参照。
厚生労働省「子ども虐待対応の手引き」
　　(http://www.mhlw.go.jp/bunya/kodomo/dv12/00.html) 2017年7月4日参照。
厚生労働省「里親制度等について」
　　(http://www.mhlw.go.jp/stf/seisakunitsuite/bunya/kodomo/kodomo_kosodate/syakaiteki_yougo/02.html) 2017年7月5日参照。

---

① 社会福祉法人全国社会福祉協議会・全国児童養施設協議会ホームページ。

厚生労働省「児童虐待相談の対応件数及び虐待による死亡事例件数の推移」
(http://www.mhlw.go.jp/file/06-Seisakujouhou-11900000-Koyoukintoujidoukateikyoku/0000108127.pdf) 2017年7月4日参照。

厚生労働省「児童虐待の定義と現状」
(http://www.mhlw.go.jp/stf/seisakunitsuite/bunya/kodomo/kodomo_kosodate/dv/about.html) 2017年7月4日参照。

厚生労働省「児童相談所運営指針の改正について」
(http://www.mhlw.go.jp/bunya/kodomo/dv-soudanjo-kai-honbun.html) 2017年7月4日参照。

厚生労働省「児童養護施設入所児童等調査結果」
(http://www.mhlw.go.jp/stf/houdou/0000071187.html) 2017年7月4日参照。

厚生労働省「児童養護施設等及び里親等の措置延長等について」
(http://www.mhlw.go.jp/bunya/kodomo/pdf/tuuchi-13.pdf) 2017年7月5日参照。

厚生労働省「社会的養護の現状について（参考資料）」
(http://www.mhlw.go.jp/stf/seisakunitsuite/bunya/kodomo/kodomo_kosodate/syakaiteki_yougo/index.html) 2017年7月4日参照。

厚生労働省「社会的養護の施設等について」
(http://www.mhlw.go.jp/bunya/kodomo/syakaiteki_yougo/01.html) 2017年7月4日参照。

裁判所「成年後見制度についてよくある質問」
(http://www.courts.go.jp/nagoya-f/saiban/tetuzuki/qa/) 2017年7月5日参照。

さかたのり子・穂実あゆこ（2015）『児童福祉司　一貫田逸子　完全版　かくされた子ども』青泉社。

ささやななえ・椎名篤子（2012）『新・凍りついた瞳』集英社文庫。

社会福祉法人全国社会福祉協議会・全国児童養施設協議会
　(http://www.zenyokyo.gr.jp/index.htm) 2017年7月4日参照。
東京都「児童養護施設等退所者の実態調査結果」
　(http://www.metro.tokyo.jp/tosei/hodohappyo/press/2017/02/24/09.html) 2017年7月5日参照。
東京都江戸川区「明るい未来を子どもたちに〜江戸川区児童虐待防止ガイド〜」
　(https://www.city.edogawa.tokyo.jp/kuseijoho/shingikaikyogikai/chiikikyogikai.files/bousigaido2803.pdf) 2017年7月4日参照。
『日本経済新聞』2014年9月19日「虐待死0歳児が44%　事例10年分検証、背景に望まぬ妊娠」。
『日本経済新聞』2017年5月20日「教育無償化　財源確保が課題」。
宮城県東部児童相談所「子ども虐待防止セミナー　虐待が発見されてからの流れ・ケース会議・措置制度などについて」
　(http://cl-miyagi.org/wp-content/uploads/2014/02/34cefa24ee9429abe40021391cffb16f.pdf) 2017年7月4日参照。
武藤素明編（2012）『施設・里親から巣立った子どもたちの自立　社会的養護の今』福村出版。
文部科学省「高等学校等就学支援金（新制度）Q&A」
　(http://www.mext.go.jp/a_menu/shotou/mushouka/1342600.htm) 2017年7月5日参照。

第十章
困扰年轻父母的社会问题之三：
单亲家庭的子女抚养

母子单亲家庭的收入情况并不乐观。由于收入情况不好，单亲家庭的孩子很难获得良好的膳食和学习机会。为什么母子单亲家庭存在严峻的收入问题？社会保障制度能否发挥作用改善现状？贫困给孩子带来了怎样的影响？

一 单亲家庭概况

单亲家庭包括母子单亲家庭和父子单亲家庭，日本共有约150万户（见表10-1）。大多数单亲家庭的成因是离婚。根据厚生劳动省的《2016年人口动态统计推算》，2016年结婚登记数为62.1万对，离婚登记数为21.7万对，离婚登记数约为结婚登记数的1/3，几乎每3对夫妻中就有1对离婚。这也导致

第十章 困扰年轻父母的社会问题之三：单亲家庭的子女抚养

单亲家庭数量不断增加。①

表 10-1　日本单亲家庭概况

类型		母子单亲家庭	父子单亲家庭
家庭数		123.8 万户	22.3 万户
成为单亲家庭的原因	离婚	80.8%	74.3%
	丧偶	7.5%	16.8%
就业率	全体	80.6%	91.3%
	打工和兼职等	47.4%	8.0%
平均每年的劳动所得	全体	181 万日元	360 万日元
	打工和兼职等	125 万日元	175 万日元
平均年收入		223 万日元	380 万日元

资料来源：根据厚生劳働省「ひとり親家庭等の支援について」制作。

2013 年，在有子女的家庭中，单亲家庭的比重为 7.5%。② 单亲家庭中母子单亲家庭占比很高。贫困儿童家庭中，母子单亲家庭也很多，这与单身母亲的就业情况有关。从就业情况来看，近半数的单亲妈妈属于非正规劳动者，打短工或做兼职。在日本，一般来说养育孩子的女性的劳动参与率比较低，但是从母子单亲家庭来看，日本单亲妈妈的就业率远远超过了发达国家的平均水平（见图 10-1）。

---

① 厚生劳动省的《对单亲家庭的支援》显示，在过去 25 年中，母子单亲家庭增加了 50%，父子单亲家庭增加了 30%。
② 内閣府「平成 27 年版子ども・若者白書（全体版）」。

```
(%) 100  85.9
    90
    80         66.4              68.8   71.6   74.2
    70                                         64.9  66.5
    60                    52.7
    50
    40
    30
    20
    10
     0
         日本  美国  英国  法国  意大利 荷兰  德国  OECD平均
```

图 10-1　单亲妈妈的就业情况

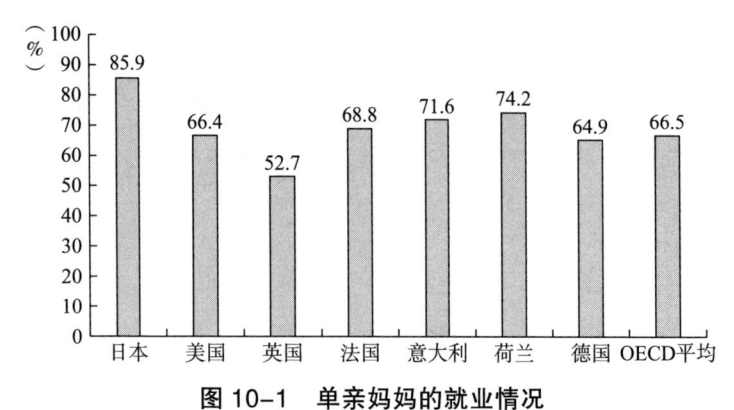

注：日本为 2007 年数据，其他国家为 2011 年数据。
资料来源：根据厚生劳働省「ひとり親家庭等の支援について」制作。

根据厚生劳动省的《2011 年度全国母子单亲家庭等调查结果报告》，母子单亲家庭中，单亲妈妈的平均年龄为 39.7 岁，成为单亲妈妈时的年龄约为 33.0 岁，平均年收入为 223 万日元。在非常不稳定、无法获得足够收入的环境下，母子单亲家庭的单亲妈妈仍积极努力地工作。

二　单亲家庭与社会保障制度

单亲家庭面临严峻的低收入问题，对此，有几种社会保障制度可以利用。首先介绍儿童抚养津贴制度（见表 10-2）。

表 10-2　儿童抚养津贴制度的基本情况

津贴类别	1 个孩子	2 个孩子	3 个孩子
全额津贴（日元）	42290	52280	58270

第十章　困扰年轻父母的社会问题之三：单亲家庭的子女抚养

续表

津贴类别	1个孩子	2个孩子	3个孩子
部分津贴（日元）	9980~42280	14980~52260	17980~58240

资料来源：根据西宫市「児童扶養手当」制作。

在养育子女阶段，家长除了可以领取儿童津贴，还可以领取儿童抚养津贴。儿童抚养津贴制度是针对单亲家庭制定的，根据子女的数量等进行补贴。[1]儿童抚养津贴的领取受到收入的限制，收入高于一定水平时仅能领取一部分补贴。儿童抚养津贴制度以促进就业为目标。领取津贴5年后仍未就业的，补助金额就会减少，因为疾病、育儿等情况无法工作的情况除外[2]。

赤石千衣子（2014）介绍了儿童抚养津贴制度的发展过程。原本儿童抚养津贴并不是一直发放到18岁，后来因为单亲妈妈发起了署名活动才延长至18岁。此外，对未婚妈妈进行补贴也引起了越来越多的争议。

另外，单亲家庭还可以通过"母子父子寡妇福利资金贷款"制度进行无息贷款，以筹集必要的资金。[3]

如果丈夫去世，遗孀可以领取遗属养老金。但是母子单亲家庭多为离异所致，遗属养老金并不能帮助大部分母子单亲家庭脱离贫困。

---

[1] 因离婚或丧偶而成为单亲家庭，即便子女没有同父亲或母亲一起生活，如果父亲或者母亲有重度残疾，子女也可以领取补贴至18岁，满18周岁以后的第一个4月1日开始停止发放。如果子女有中度以上的残疾，该补贴可以发放至20周岁。

[2] 越前市「児童扶養手当（平成29年4月分から手当額が改定されました）」。

[3] 全国母子寡婦福祉団体協議会「経済的支援策」。

母子单亲家庭的收入在很大程度上还受到抚养费的影响。在母子单亲家庭中，收到抚养费的家庭占全体的20%，已商定好抚养费金额的家庭占全体的38%。[①]商定的抚养费金额平均为每户每月43482日元。[②]赤石千衣子（2014）指出，养育一个孩子每月大约需要花费57000日元。

抚养费的标准制定很重要，与儿童的贫困问题密切相关。遇到不支付抚养费的情况，单亲妈妈或单亲爸爸可以利用司法手段维权，例如向家庭法院提交抚养费调解申请等。事实上，从上述收到抚养费家庭占比、已经商定好抚养费金额的家庭占比等数据来看，利用司法手段似乎并没有起到很大的作用。

与有子女的普通家庭相比，母子单亲家庭的总收入很低，尤其是劳动收入很低（见表10-3）。在各项收入中，养老金以外的社会保障给付金对母子单亲家庭来说是很重要的收入来源。但是，与其他国家相比，日本对年轻家庭的社会保障给付相对较少，这也是儿童贫困的原因之一。

表10-3　母子单亲家庭的收入情况

单位：万日元

项目	总收入	劳动收入	政府发放的养老金	财产性收入	养老金以外的社会保障给付金	其他
全部家庭	548.2	409.5	100.7	16.3	8.6	13.2

---

① 厚生労働省「ひとり親家庭等の支援について」。
② 厚生労働省「平成23年度全国母子世帯等調査結果報告」。

续表

项目	总收入	劳动收入	政府发放的养老金	财产性收入	养老金以外的社会保障给付金	其他
有子女的家庭	697.0	626.2	27.1	11.2	25.8	6.8
母子单亲家庭	250.1	183.0	11.8	2.0	49.3	4.0

资料来源：根据厚生労働省「ひとり親家庭等の支援について」制作。

在计算所得税的纳税额度时，可以利用"寡妇扣除"项目减轻母子单亲家庭的纳税负担。[①]自治体会免除母子单亲家庭的保育费等费用。市政府运营的住宅会根据家庭的收入情况收取房租，一般情况下，家庭收入越低房租标准也会越低。可以看出日本采取了各种各样的措施。

虽然生活陷入贫困时可以利用最低生活保障制度，但利用这一制度存在很多障碍。阿部彩（2008）具体说明了母子单亲家庭中单亲妈妈的辛劳，如单亲妈妈想申请最低生活保障但未达到条件，努力工作但收入仍不足。

在这样勉强维生的状况下，身心健康是得不到保障的。阿部彩（2014）的研究显示，与非贫困阶层相比，相对贫困阶层父母的身体健康状况和心理健康状况更差一些。由于生活窘困，贫困家庭的家长不得不同时打多份工，过着节衣缩食的日子，身心俱疲。

针对贫困家庭的补贴，除了最低生活保障制度外，政府还

---

① 国税庁「No.1170 寡婦控除」。

制定了就学援助制度。[①] 就学援助指以出于经济原因而存在就学困难的中小学生为对象发放的补贴（包括学习用品费、交通费、修学旅行费、伙食费等）。

三 单亲家庭的困境

阿部彩（2008）介绍了"NPO法人单亲妈妈论坛"的问卷调查。根据调查结果，单亲妈妈最担心的是孩子的抚养费用问题，其次担心孩子的将来。因为没有足够的收入，单亲妈妈经常担忧育儿费用。同时，单亲妈妈要考虑这种生活下孩子的未来发展。

阿部彩（2014）指出，"没有梦想"的孩子大多来自低收入阶层，这主要是受到校外教育的影响。通过学习技艺，孩子可以体验和感受很多事情，渐渐找到自己想做的事情。但是如果家庭收入低，孩子无法学习技艺，就不能获得找到自己兴趣的机会。另外，父亲或母亲同时从事多份工作，也不能在家中照看子女，大人筋疲力尽地回到家时也基本上没有精力照顾孩子。阿部彩（2008）指出，母子单亲家庭中孩子不上学的比重高于双亲家庭。大阪府的调查结果表明，孩子不上学的最主要原因是缺乏上进心。

青砥恭（2009）指出，由于缺乏上进心，孩子也没有养成良好的学习习惯，即使进入高中也很难跟上学习进度，不得不辍学。也就是说，补助高中学费的就学援助制度虽然在经济上

[①] 文部科学省「就学援助制度について（就学援助ポータルサイト）」。

第十章　困扰年轻父母的社会问题之三：单亲家庭的子女抚养

提供了一些帮助，但是很难从根本上解决学生的辍学问题。青砥恭（2009）认为，要想解决高中辍学问题，有必要保障孩子在小学阶段就掌握好学习内容。

如果想考大学，除了大学学费外，还要考虑考取大学的学习费用。上课外辅导班的费用方面，公立高中的学生大约每年花费 13.5 万日元，私立高中的学生大约每年花费 20.4 万日元。[①]有能力支付这笔费用的家庭与不能支付这笔费用的家庭之间出现了学习机会差异。许多学生为了读大学，要想尽办法获得奖学金以缴纳学费等，这种情况每 2.6 名大学生中就有 1 人。但获得贷给型奖学金的学生中，7.6% 有 3 个月以上的延迟还款记录。[②]

大学毕业并不意味着一定能找到安稳的工作，抱有这种想法的学生大多不会选择借钱读书，他们更倾向于争取给付型奖学金。实际上，过去除了日本学生支援机构提供的奖学金，还有给付型奖学金。近些年日本学生支援机构也开始提供一些给付型奖学金。例如，国立和公立大学为走读的学生提供每月 2 万日元的奖学金，这个金额对于学生个人来说并不充足，但是对于日本学生支援机构来说是一笔巨大的开支。[③]为了保障这类社会保障的财源，就必须增税，政府希望增税政策能得到更多人的理解。

[①] 文部科学省「子供の学習費調査」。
[②] 日本学生支援機構「日本学生支援機構について」。
[③] 日本学生支援機構「給付奨学金を希望する皆さんへ」。

四 阻断贫困的代际传递

橘木俊诏（2010）的研究显示了不同学历劳动者之间的工资差距，以日本中学毕业生的工资作为单位1，那么高中毕业生的工资为1.09，本科和硕士毕业生的工资为1.6。可见，学历越高，毕业后的工资收入也就越高。如果想要像第九章描述的那样从事更稳定的职业，学历是非常重要的一项条件，劳动者的子女才有可能不再陷入贫困。

青砥恭（2009）基于道中隆的调查，认为母子单亲家庭存在领取最低生活保障补贴的"代际传递"特征。也就是说，领取了最低生活保障补贴的母子单亲家庭中，子女长大成人后同样领取最低生活保障补贴的情况也很多，比重高达40.6%。此外，在领取最低生活保障补贴的家庭中，子女20岁以前怀孕生子的比重高达26.4%。从整体上看，学历越低的母子单亲家庭，上述两种情况的比重越高。事实上贫困的代际传递现象已经出现了，为了让下一代不再陷入贫困，新的政策有待制定。

参考文献

赤石千衣子（2014）『ひとり親家庭』岩波新書。
阿部彩（2008）『子どもの貧困——日本の不公平を考える』岩波新書。
阿部彩（2014）『子どもの貧困——解決策を考える』岩波新書。
越前市「児童扶養手当（平成29年4月分から手当額が改定されま

した)」

(http://www.city.echizen.lg.jp/office/050/020/jisedaig/jidoufuyouteate.html) 2017年7月5日参照。

青砥恭 (2009)『ドキュメント高校中退——いま、貧困がうまれる場所』」ちくま新書。

厚生労働省「ひとり親家庭等の支援について」

(http://www.mhlw.go.jp/file/06-Seisakujouhou-11900000-Koyoukintoujidoukateikyoku/0000100019.pdf) 2017年7月5日参照。

厚生労働省「平成28年 (2016) 人口動態統計の年間推計」

(http://www.mhlw.go.jp/toukei/saikin/hw/jinkou/suikei16/dl/2016suikei.pdf) 2017年7月5日参照。

国税庁「No.1170 寡婦控除」

(https://www.nta.go.jp/taxanswer/shotoku/1170.htm) 2017年7月5日参照。

全国母子寡婦福祉団体協議会「経済的支援策」

(http://zenbo.org/14keizai.html) 2017年7月5日参照。

橘木俊詔 (2010)『日本の教育格差』岩波新書。

内閣府「平成27年版子ども・若者白書 (全体版)」

(http://www8.cao.go.jp/youth/whitepaper/h27honpen/b1_01_01.html) 2017年7月5日参照。

西宮市「児童扶養手当」

(http://www.nishi.or.jp/contents/0000225000060006500343.html) 2017年7月5日参照。

日本学生支援機構「給付奨学金を希望する皆さんへ」

(http://www.jasso.go.jp/shogakukin/kyufu/__icsFiles/afieldfile/2017/04/25/h30annai_kyuhu.pdf) 2017年7月5日参照。

日本学生支援機構「日本学生支援機構について」

(http://www.jasso.go.jp/about/ir/minkari/__icsFiles/afieldfile/2017/03/14/29minkari_ir.pdf) 2017年7月5日参照。

道中隆（2009）『生活保護と日本型ワーキングプア貧困の固定化と世代間継承』ミネルヴァ書房。

文部科学省「子供の学習費調査」（http://www.mext.go.jp/b_menu/toukei/chousa03/gakushuuhi/kekka/1268105.htm）2017年7月5日参照。

文部科学省「就学援助制度について（就学援助ポータルサイト）」（http://www.mext.go.jp/a_menu/shotou/career/05010502/017.htm）2017年7月5日参照。

下 篇
关于今后发展的思考

第十一章
有关医疗政策的思考之一：老龄化与医疗

在少子老龄化社会，医疗费用支出不断增加，很多人担心社会医疗保险制度无法持续发展。那么，人口老龄化是如何成为医疗费用增长的原因的？或者说，人口老龄化真的是医疗费用增长的原因吗？

一　医疗费用的动向

随着少子老龄化的发展，日本国民的医疗费用也在不断增长（见图11-1）。这里所说的医疗费用包括患者个人负担部分和医疗保险给付部分。日本的人均医疗费用上涨到31.4万日元。据《日本经济新闻》报道，随着人口老龄化的加快，日本国内80岁及以上老年人口数量在2015年首次超过了1000

万人。①65 岁及以上老年人口占总人口的比重在 2016 年达到 27.3%，未来日本的老龄化率还将不断上升。然而，医疗费用的增长并不完全是老龄化带来的。在医疗费用 1.8% 的增长率中，有 1.2 个百分点是因老龄化产生的，有 0.6 个百分点是由医疗技术水平提高等原因带来的。②

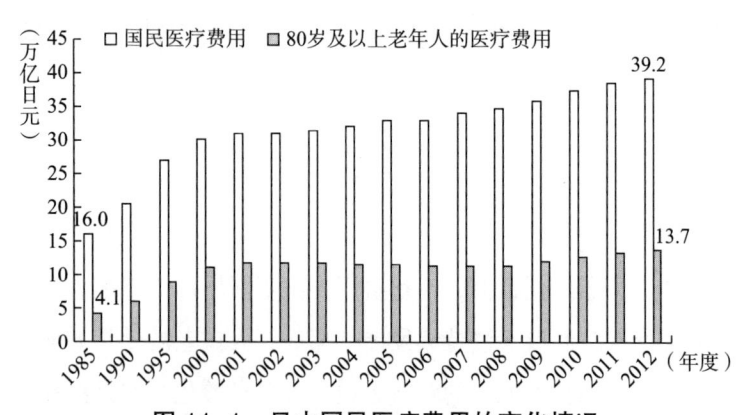

图 11-1　日本国民医疗费用的变化情况

资料来源：根据厚生劳働省「医療費の動向について」制作。

日本国民的医疗费用大部分是在老年人身上产生的。据推算，一个人一生花费的医疗费用约为 2500 万日元，特别是 70 岁以后医疗费用的支出大幅增加（见图 11-2）。70 岁之前的医疗费用支出基本与 70 岁之后的医疗费用支出数额相当。原因在于，老年人容易因为生活习惯等问题患病，随着年龄的增长，罹患癌症等疾病的概率也会上升。如今，每两个人中就有

---

① 『日本経済新聞』2015 年 9 月 20 日「80 歳以上、初の 1000 万人超え　総務省推計」。
② 『日本経済新聞』2015 年 9 月 3 日「医療費 1 人 31.4 万円で過去最高 14 年度 2% 増　現役世代の負担増加」。

第十一章　有关医疗政策的思考之一：老龄化与医疗

一个人罹患癌症。①

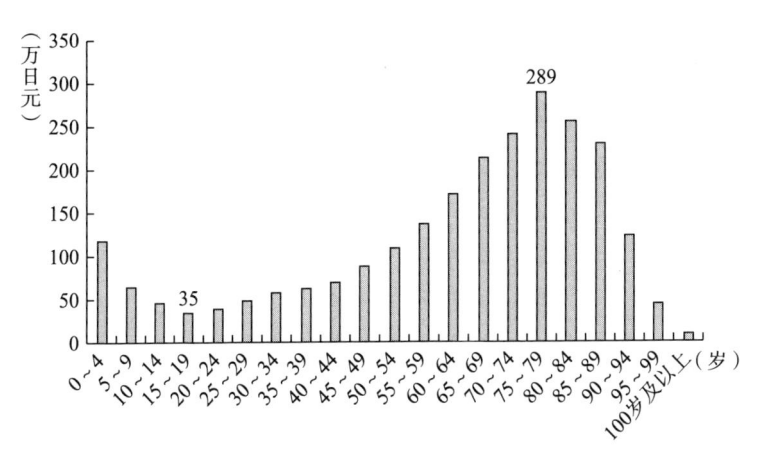

图 11-2　终身医疗费用

注：数值为男女合计数。
资料来源：根据厚生劳働省「生涯医療費」制作。

与养老金相同，医疗保险制度也是依靠在职劳动者缴纳税费来维持运营的。在职劳动者向健康保险工会（简称"组合健保"）或全国健康保险协会（简称"协会健保"）等缴纳的保险费会用于补贴老年人的医疗支出，这给医疗保险制度的运营带来了压力，医疗保险的保险费数额不得不增加。

二　老龄化是否造成了医疗费用增长

一般认为，老龄化导致医疗费用增长的原因有两个。第一

---

① 全国健康保険協会「【がん】日本人の2人に1人ががんにかかり、3人に1人ががんで死亡しています」。

个原因是，即便老年人生病的时间不延长，单是老年人数量的增加也使医疗费用不断增长。若不健康阶段有医疗费用发生，那么在不健康阶段不变的情况下实现长寿，人均医疗费用是不会增加的。医疗费用之所以增长，是因为随着寿命延长，不健康时间也不断延长，从而导致人均医疗费用增长。这是老龄化导致医疗费用增长的第二个原因（见图11-3）。

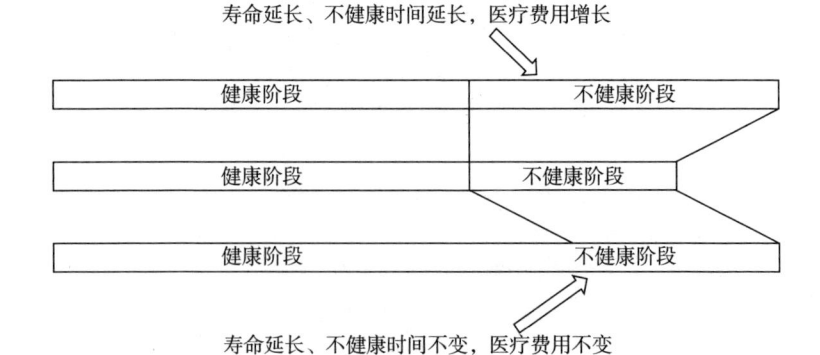

寿命延长、不健康时间延长，医疗费用增长

健康阶段	不健康阶段
健康阶段	不健康阶段
健康阶段	不健康阶段

寿命延长、不健康时间不变，医疗费用不变

图 11-3 老龄化与医疗费用的关系

资料来源：根据河口洋行（2012）『医療の経済学［第2版］』制作。

河口洋行（2012）曾介绍"熏制鲱鱼"（くんせいニシン）假说。他认为，老龄化并不是医疗费用增长的真正原因，从患病到死亡的这段时间才是医疗费用增长的真正原因。从患病到死亡这段时间会发生什么呢？如果将生活习惯病[①]等也考虑在内，老年人的患病风险会越来越高。同时，医疗技术的进步使

---

① 生活习惯病是指不良的生活习惯造成的亚健康状态以及带来的相关疾病，如肥胖、糖尿病、高血压、动脉硬化、炎症、过敏、头痛、抑郁、寒冷症、皮肤干燥、男性ED等。——译者注

第十一章 有关医疗政策的思考之一：老龄化与医疗

以往无法治愈的疾病也能治愈。可是如果此后病情加重，医疗费用也会增加，患病时间也就延长了。所以说，医疗技术进步使患病时间延长，既有老龄化引起的患病时间延长，也有医疗技术进步本身带来的患病时间延长，包括各种复合因素。有必要深入剖析老年人人均医疗费用增长的原因，进而正确地分析问题。

在考虑老龄化和医疗费用支出之间的关系时，有必要提及生命终末期的治疗。终末期是接近死亡的状态。河口洋行（2012）认为，在终末期，"病情的恶化无法遏制，以现有最好的治疗手段也无法令病情好转、无法阻止病情进一步恶化，患者在不久后将会死去"。新潟市民医院的官网上也指出，"'终末期'指患者身患无法治愈的疾病，没有康复的希望、即将死亡的状态"。[1] 在终末期，大多数治疗是为了延长患者生命或减轻患者痛苦。河口洋行（2012）推测，终末期的医疗费用占到老年人全部医疗费用的12%。而在美国，生命终末期的医疗费用占全部医疗费用的1/4。并且，与之前的住院阶段相比，在死亡前的一个月时间里，患者的人均医疗费用支出会出现跳跃式增长。

在生命终末期，一些患者愿意抓住仅有的希望积极进行治疗，一些家属也会有同样的想法。有时这样的选择是有帮助的。但也有些意见认为，患者对生命终末期的治疗感到十分痛苦，不应该再继续积极为他们治疗。关于这个问题，有赞成的

---

[1] 新潟市民病院「終末期医療ガイドライン」。

意见，也有反对的意见，其关键在于能否正确判断患者终末期的情况。

河口洋行（2012）曾经提到，在美国，当医生诊断患者已经进入终末期、只剩半年寿命时，患者可以自己做选择，是同以往一样继续在医院接受治疗，还是回到家中以临终关怀的方式接受姑息治疗。在丹麦，社会也基本形成了社会共识，大多数情况下不会再做延命治疗。

如上文所述，患者本人、家属和医生三方共同讨论如何度过终末期是非常重要的。《日本经济新闻》曾经就此现象做报道。"预立医疗照护计划"（ACP）是指患者和家属要就治疗方针进行协商，不仅需要重视患者的意见，还需要与家属充分沟通。①

三 老龄化与护理

上文谈到了老龄化和医疗费用增长之间的关系，但必须考虑到，老龄化不仅会使医疗服务需求增加，也会带来护理服务需求的增长。日本的护理保险制度从2000年4月开始实施，国民利用护理服务时，个人仅需要负担护理费用的10%。入住护理机构时也可以通过护理保险制度获得给付。

在护理保险制度实施以前，护理服务是通过分配实现的。希望接受护理服务的人很多，但能够接受护理服务的人很少，

---

① 『日本経済新聞』2015年9月13日「終末期の治療、事前に話す　患者・家族が意思共有」。

第十一章 有关医疗政策的思考之一：老龄化与医疗

很多人需要排队等候。没有亲属的低收入人群可以优先接受护理服务，有收入且与家人一起居住的人则不能入住护理机构，这带来了护理和工作之间的矛盾。为了解决这一矛盾，政府实施了护理保险制度，无论何人都可以在个人负担较低的前提下接受护理服务。不过，虽然实施了护理保险制度，但护理设施等并没有完成整顿，无法利用护理机构的问题依然存在。[①]

在护理保险制度实施之前，日本普遍存在"社会性住院"问题。该问题是指，因为受伤或生病而住院治疗的患者，痊愈后没有地方休养而一直住在医院里。畑农锐矢（2004）指出，诸多前期文献对住院多长时间算作"社会性住院"进行了研究，多数研究认为住院超过6个月可被视为"社会性住院"。据河口洋行（2012）推算，社会性住院导致的医疗花销约有1.87万亿日元。但有人认为这个推算结果有些夸大，应该将最开始住院的6个月花销扣除，扣除后的估算结果为8000亿日元。厚生劳动省的资料显示，老年人入住普通医院的护理费用为每月45.8万日元，入住特别养护老人之家的费用为每月25.5万日元，两者的费用都比入住护理机构低。[②]

花冈智惠、铃木亘（2007）考察了护理保险制度对"社会性住院"问题的影响。该研究表明，护理保险制度可以起到减少"社会性住院"的作用。厚生劳动省2014年公布的《患者调查》显示，如果对接收条件进行合理设置，将有17.9万名

[①] 厚生労働省「公的介護保険制度の現状と今後の役割」。
[②] 厚生労働省「療養病床・慢性期医療の在り方の検討に向けて～サービス提供体制の新たな選択肢の整理案について～に関する参考資料」。

患者（占住院人数的13.6%）可以出院。与护理保险制度实施之前（1999年）的住院患者数量（27.5万人，约占住院患者的20%）相比，住院人数减少了很多[①]。

对护理服务体系进行有效调整，就可以减少医疗费用支出吗？换句话说，护理费用支出和医疗费用支出能否互相代替？根据河口洋行（2012）的研究，接受护理的重症患者大多需要医疗救治，这意味着两者可以互补。

四 医疗服务供给不足

本节通过图11-4来说明医疗服务供给不足的问题。

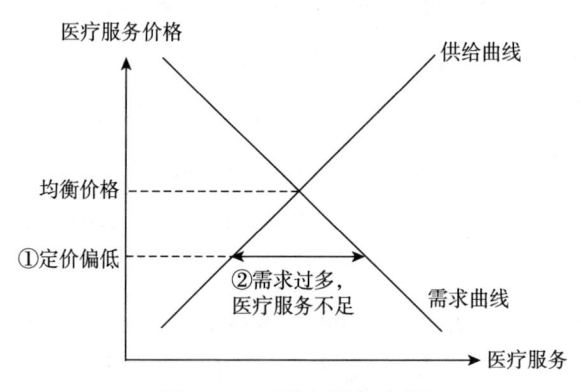

图 11-4 医疗服务市场

当需求大于供给时，医疗服务价格会上升，需求会随之降低，直至供需平衡。然而，医疗和护理的价格是由诊疗报酬与护理报酬决定的，这导致无法通过价格机制调整供需，造成了

---

① 厚生労働省「患者調査」。

第十一章　有关医疗政策的思考之一：老龄化与医疗

需求大于供给的结果。英国的医疗服务原则上不需要个人付费，这导致需求远远大于供给，大量患者需要排队等候治疗。①

如果政府可以提供适量的补助经费，使医疗服务的供给与需求相匹配，是可以避免供给不足问题的。日本政府虽然通过补贴医疗保险的方式提供了财政支持，但从医疗服务供给不足的现状来看，补贴力度还不足以使供给量和需求量达到平衡。

在医疗服务供给不足的情况下，医生通常会通过治疗类选法来决定患者的治疗优先顺序。与上文提到的终末期治疗情况不同，尽管有些患者已经无法治愈，但患者本人也许依然希望接受治疗，治疗顺序被推后的患者也可能希望尽早接受治疗。日剧《五岛医生诊疗所》中就有这样的一幕：有小孩和大人两位患者，虽然小孩先被抬进了诊所，但医生决定优先治疗后进入诊所的大人，于是医生遭到了人们的漫骂。②然而，在发生重大灾害时，为了有效分配医疗资源，这样做也确实是唯一的选择。

参考文献

河口洋行（2012）『医療の経済学［第2版］』日本評論社。
厚生労働省「医療費の動向について」
　　（http://www5.cao.go.jp/keizai-shimon/kaigi/special/reform/wgl/280323/shiryou3.pdf）2017年7月11日参照。

---

① 武内和久・竹之下泰志（2009）。
② ポニーキャニオン（2004）『Dr. コトー診療所2004』。

厚生労働省「患者調査」
　　(http://www.mhlw.go.jp/toukei/list/10-20.html) 2017 年 7 月 11 日参照。
厚生労働省「公的介護保険制度の現状と今後の役割」
　　(http://www.mhlw.go.jp/file/06-Seisakujouhou-12300000-Roukenkyoku/201602kaigohokenntoha_2.pdf) 2017 年 7 月 11 日参照。
厚生労働省「生涯医療費」
　　(http://www.mhlw.go.jp/bunya/iryouhoken/database/zenpan/syogai.html) 2017 年 7 月 11 日参照。
厚生労働省「療養病床・慢性期医療の在り方の検討に向けて～サービス提供体制の新たな選択肢の整理案について～に関する参考資料」
　　(http://www.mhlw.go.jp/file/05-Shingikai-12401000-Hokenkyoku-Soumuka/0000110607.pdf) 2017 年 7 月 11 日参照。
全国健康保険協会「【がん】日本人の 2 人に 1 人ががんにかかり、3 人に 1 人ががんで死亡しています」
　　(https://www.kyoukaikenpo.or.jp/g4/cat450/sb4502/p024) 2017 年 7 月 11 日参照。
武内和久・竹之下泰志（2009）『公平・無料・国営を貫く英国の医療改革』集英社新書。
新潟市民病院「終末期医療ガイドライン」
　　(http://www.hosp.niigata.niigata.jp/img/about/info/guidelines/html) 2017 年 7 月 11 日参照。
『日本経済新聞』2015 年 9 月 3 日「医療費 1 人 31.4 万円で過去最高 14 年度 2% 増　現役世代の負担増加」。
『日本経済新開』2015 年 9 月 13 日「終末期の治療、事前に話す患者・家族が意思共有」。
『日本経済新聞』2015 年 9 月 20 日「80 歳以上、初の 1000 万人超え　総務省推計」。
畑農鋭矢（2004）「社会的入院の定量的把握と費用推計」『医療経

済研究』vol. 15, pp. 23-35。
花岡智恵・鈴木亘（2007）「介護保険導入による介護サービス利用可能性の拡大が社会的入院に与えた影響」『一橋大学機関リポジトリ』HERMES-IR2007-02。
ポニーキャニオン（2004）『Dr. コトー診療所 2004』。

第十二章
有关医疗政策的思考之二：
理想的医疗服务体系

日本医疗服务体系的现状是怎样的？目前的医疗服务体系能否在少子老龄化社会发挥应有的作用呢？为了对理想的医疗服务体系进行思考，本章将对日本的医疗政策进行说明。

一 床位管控

床位管控是指以提高全国范围的医疗服务水平为目标，为了纠正床位数量在地区间的不均衡分布，引导床位从过剩地区向短缺地区流动而进行的床位数量限制。①同时，床位管控也是为了实现抑制医疗费用增长这一目标。床位数量的管控工作具体由各都道府县实施。在床位过剩地区，即在床位数量已经超过

---

① 『日本経済新聞』2013 年 11 月 8 日「病院の病床規制、運用を柔軟に　規制改革会議が見直し案」；厚生労働省「基準病床数制度について」。

第十二章　有关医疗政策的思考之二：理想的医疗服务体系

标准数量的地区，管控制度会禁止增设公共医疗机构和床位。

如图 12-1 所示，日本的床位数量近年来呈现出减少趋势。标准床位数量是由各都道府县自行制定的，各都道府县会制订本地区的医疗发展计划。

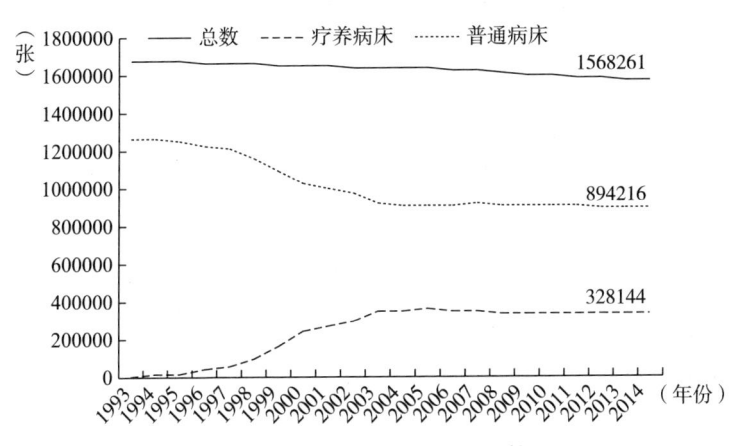

图 12-1　床位数量变化趋势

资料来源：根据厚生劳働省「平成 26 年（2014）医疗施设（静态·动态）调查·病院报告の概况」制作。

各都道府县还要划分医疗服务的覆盖范围（医疗圈），并结合各自医疗圈的情况调整医疗服务供给。

医疗圈的设置（划分配置）[①]

① 一级医疗圈
- 通过提供门诊服务为病人进行初期治疗
- 以市町村为单位

---

① 河口洋行（2012）、厚生劳働省「医疗计画の概要について」。

② 二级医疗圈

● 在一定的区域内，以提供与住院相关的医疗服务为目标而设定的区划单位

③ 三级医疗圈

● 提供高水平、专业化的医疗服务

● 以都道府县为单位

除了上述划分以外，日本还设立了急救医疗服务体系和偏远地区医疗服务体系。在每个二级医疗圈中，都道府县都需要按照不同年龄群体的人数计算出能够满足当地医疗服务需求的床位数量（标准床位数）。如果当地的床位数量已经超过了标准床位数，则不再允许新增床位。表12-1显示了兵库县二级医疗圈的具体设置情况。

表12-1 兵库县二级医疗圈（部分）

地区	市与町	人口（人）	面积（平方千米）
神户	神户市	1542128	552.26
阪神南	尼崎市、西宫市、芦屋市	1029324	168.40
⋮	⋮	⋮	⋮
中播磨	姬路市、福崎町、市川町、神河町	580870	865.23
⋮	⋮	⋮	⋮
淡路	洲本市、南淡路市、淡路市	140195	595.99

资料来源：根据兵库县「兵库县保健医疗计画（平成25年4月改定）」制作。

二 供给者诱导需求

那么，为何要进行床位管控呢？这与供给者诱导需求有关。河口洋行（2012）对供给者诱导需求的定义为："医生提供或推荐不同于患者在拥有与医生同样信息的前提下自己选择的医疗服务。"各都道府县的数据分析结果显示，医院床位数量多的地区，人均住院费用更高。因为医疗服务供给者认为床位空闲是医疗机构的损失。[①]

当然，并非所有的医疗服务供给者都存在利益诱导，有些必要的医疗服务可能原本就是价格高昂的。供给者诱导需求的情况只在患者未掌握充分的医疗服务信息时才会出现。像食物这样的一般商品或服务，我们清楚地知道它是什么味道、吃多少可以填饱肚子。由于我们对食物的价格及相应的品质比较了解，所以通常不会因为供给方强烈推荐而增加需求。但是接受医疗服务的人一般不了解某项服务会产生什么效果，掌握的信息并不充分。因此，当医生极力推荐医疗服务的时候患者的需求就会增加。

此外，供给者诱导需求现象也与按服务项目付费有关。由于每项医疗服务的诊疗价格是确定的，提供的服务项目越多，医疗供给者按照医疗服务价格的一定比重所获得的收益就越大。这就是供给者诱导需求的动机。

---

① 厚生労働省「医療制度改革の課題と視点」。

与上述内容形成对比的是，患者住院时间越长，床位单价收益越低。[①]因此，医院不具有让患者长期住院的动机。患者住院时间越长，医院的收入就越少，所以医院倾向于让患者尽快出院，进而收治新的患者。但是，那些过早出院的患者可能因为疾病或伤口未痊愈而再次住院，这反而使医疗费用增加了。

　　除了按服务项目付费以外，以河口洋行（2012）的研究为参考，再来看看定额付费方式。总额预算制是定额付费方式中的一种，是指提前对每家医院能够使用的预算金额进行分配。因为在总额预算制下每家医院的整体收入是已经确定的，医院会减少患者人数、降低支出成本以获得更多收益。但这一付费方式容易导致患者无法得到充分的治疗。

　　定额付费方式还可以按病种计算。患者支付的费用如果是固定的，即使医院给每位患者提供的医疗服务很多，医院的收益也不会增加，医院有可能减少患者的用药。也就是说，定额付费方式可能会产生患者得到的治疗不足的问题。

　　不过，很难判断治疗不足和过度诊疗哪个结果更好。通过防止过度诊疗，可以将节约下来的费用用于健全医疗保险制度，但治疗不足又可能让原本可以治愈的患者得不到应有的救助。实际上有研究发现，在47个都道府县当中，人均医疗费用越高的地区，其平均余命就越长。[②]

[①] 『日本経済新聞』2012年2月1日「入院日数短縮へ　中医協が診療報酬改定大枠、再診料は据え置き」。
[②] 中島尚登・矢野耕也・長澤薫子・小林英史・横田邦信（2015）。

根据河口洋行（2012）的研究，当付费方式从按服务项目付费转变为按病种定额付费时，患者平均住院天数将开始减少，同时短期住院患者会增多。这正说明，因为按照患者人头计算收益，医疗机构一方面尽可能治疗更多患者，另一方面也希望减少每位患者的治疗成本。也有研究指出，当付费方式从按人头定额付费转变为按服务项目付费时，医生夜间出诊将增加。

三 交通事故与第三方责任追偿申请

接下来对与交通事故相关的医疗进行说明。所有上路行驶的汽车和摩托车都有义务加入机动车损害赔偿责任保险。除了机动车损害赔偿责任保险，车主还可以购买商业保险作为补充，用来赔付那些机动车损害赔偿责任保险不能赔付的损失。

当发生交通事故并产生医疗费用时，首先适用肇事者一方的机动车损害赔偿责任保险，由肇事者对受害者进行赔偿。在这种情况下，一旦机动车损害赔偿责任保险适用，医疗费用将按照自费标准进行计算，医疗机构可以自行决定诊疗报酬点数。①

但是，在有些交通事故中，由于涉事双方互相推诿，不能马上判断事故责任，机动车损害赔偿责任保险也就不能立刻进

---

① 吉田あつし（2009）；菊地敏夫·及川忠（2012）。此外，一般认为自费就诊价格是医保就诊价格的两倍。点数为日本医疗服务收费的计价单位，表示各医疗服务项目的相对比值，每点分值为10日元。——译者注

行理赔了。在这种情况下，受害者就可以申请第三方责任追偿，利用社会医疗保险制度就诊（见图12-2）。除了交通事故以外，因第三方行为导致受伤等情况也可以利用社会医疗保险制度就诊。因为医疗费用原本应该由肇事者赔偿，所以医疗保险机构只是暂时代为支付医疗费用，日后会向肇事者追偿费用。

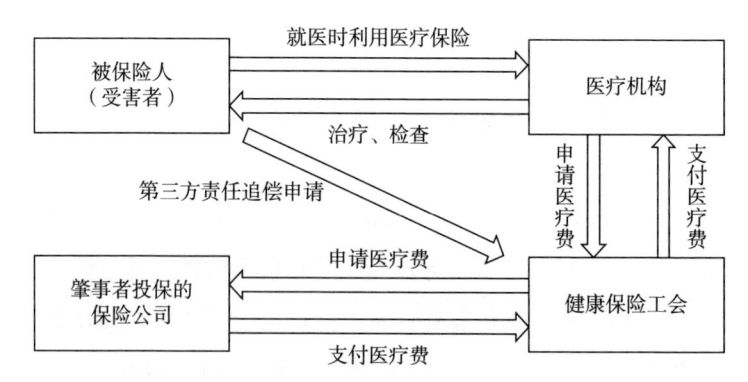

图 12-2 进行第三方责任追偿申请时的医疗费用支付流程

资料来源：根据東京電子機械工業健康保険組合「病気やケガをした時」制作。

四　日本的医生数量

根据《日本经济新闻》的报道，日本的医生数量少于其他国家。[①] 医生数量不仅在各都道府县之间存在差距，在各类

[①] 『日本経済新聞』2015年6月15日「医師不足　深刻なの？　地域や診療科で偏り、改善せず」。

第十二章 有关医疗政策的思考之二：理想的医疗服务体系

科室之间也分布不均衡。在日本，目前工作在一线的医生约有29万人，每10万人口拥有233.6名医生（2014年数据）。[①]

从都道府县来看，医生数量分布并不均衡。从每10万人口拥有的医生数量来看，京都府最多（307.9人），接下来分别是东京都（304.5人）和德岛县（303.3人）。每10万人口拥有的医生数量最少的地区是埼玉县（152.8人），其次分别是茨木县（169.6人）和千叶县（182.9人）。从科室情况来看，虽然妇产科和外科医生的数量出现过阶段性减少，但基本保持着平衡，儿科医生的数量呈现出增加趋势。

前文提及的《日本经济新闻》报道还指出，为了将医生数量控制在一定范围内，近年来日本高校没有增设新的医学部。原因在于担心医生数量出现过剩，以及避免医疗支出增加给财政带来压力。[②]

此外，在日本，每人每年平均门诊就医次数为12.9次，是OECD国家平均数的两倍。[③]今后应当抑制这种看病次数过多的现象，以解决医生数量不足的问题。

从全球范围来看，虽然日本的医生数量偏少（见图12-3），但是医院数量较多，床位数量也较多。从每1000人的床位数量来看，日本为14张，其次是韩国（8张）、德国（8张）、法

[①] 厚生労働省「平成26年（2014）医師・歯科医師・薬剤師調査の概況」。
[②] 尽管日本严格控制新增数量，但医学专业的招生人数在10年间还是增加了1500人，参见厚生労働省「医師の需給に関する基礎資料（第1回医師需給分科会でのご指摘を踏まえたもの）」。
[③] 『日本経済新聞』2015年11月4日「病院の受診回数、日本は先進国平均の2倍報酬制度が影響」。

国（6张），美国和英国仅为3张。[①] 这也使日本平均每张床位对应的医生数量远远少于欧美等国。虽然日本患者的住院时间与过去相比有所缩短，但统计结果表明，日本的患者住院时间还是长于欧美国家。[②] 这是因为床位较多导致供给者诱导需求，使原本没有必要住院的患者也住进了医院，继而产生了不必要的医疗费用。

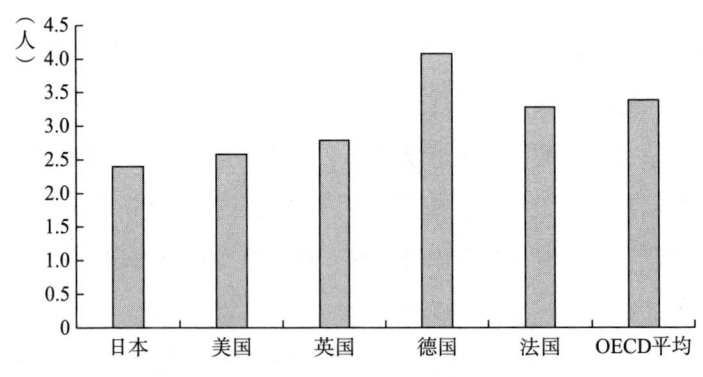

图 12-3 每 1000 人口拥有的医生数量

注：2015 年数据。
资料来源：根据 OECD Health Statistics 2017 制作。

五 自治体的医疗政策

在日本一些自治体，儿童和老年人生病就医是无须付费

[①] 『日本経済新聞』2015 年 7 月 12 日「人口あたりベッド数　日本、先進国で最多」。
[②] 日本的患者平均住院天数为 18 天，比 OECD 国家的平均水平多 8 天，是住院时间最长的国家，参见『日本経済新聞』2013 年 11 月 21 日「日本の入院日数、OECD 加盟 34 カ国中トップ」。

第十二章 有关医疗政策的思考之二：理想的医疗服务体系

的。一般利用社会保险制度就医时，不同年龄段患者个人负担的医疗费用比重不同，为10%~30%。一些自治体会支付医疗费用中的个人负担部分。①

以图12-4的需求曲线为例进行说明。该需求曲线为 $P=200-D$（P 为医疗服务价格，D 为医疗服务需求）。医疗费用的个人负担比例为50%时，人们就可以用50日元的支出享受到100日元的医疗服务。按照公式计算，此时的医疗服务需求为150。因为1单位医疗服务的财政补贴标准为50日元，那么此时财政需要补贴保险制度的金额就是50×150=7500日元。

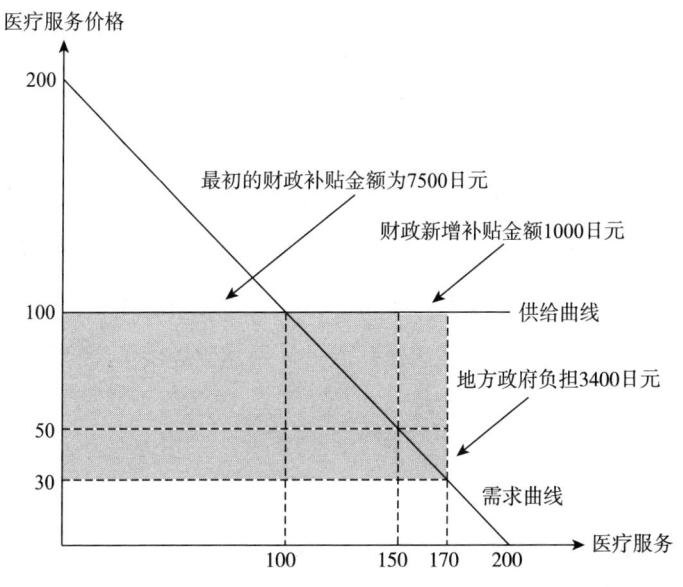

图12-4 自治体医疗政策与财政对社会保险的补贴负担

① 西宫市「乳幼児等・こども医療費助成制度」。

在上述例子中，100日元医疗服务费用中，如果自治体再按照20%的比重补贴20日元给患者，那么患者只需要支出30日元，此时的医疗服务需求增加到170，自治体需要负担20×170=3400日元，财政需要补贴保险制度50×170=8500日元。在这个例子中，自治体的补贴政策使财政对保险制度的补贴金额多出了8500-7500=1000日元。也就是说，自治体的补贴政策会给社会保险制度的财政补贴带来一定的压力。

六　地域医疗的发展

随着少子老龄化进程加快，某些地区会出现"过疏化"现象。[①]在这种背景下，有必要将当地的资源有效集中起来，提供高效的医疗服务。佐藤干夫（2009）以横手市为例进行了介绍。在横手市，特别养护老人之家的旁边建起了医院，这样就可以将医疗服务和护理服务有效结合起来，在对居民进行健康管理的同时提供居家支援服务。这一案例很好地整合了不同的机构资源，为今后的理想医疗服务体系建设提供了经验参考。

参考文献

OECD Health Statistics 2017
　　（http://www.oecd.org/els/health-systems/health-data.htm）2017年7月13日参照。
河口洋行（2012）『医療の経済学［第2版］』日本評論社。

---

① 地方社会或农村社会人口规模日益减少的现象。——译者注

第十二章　有关医疗政策的思考之二：理想的医疗服务体系

菊地敏夫・及川忠（2012）『図解入円ビジネス　最新医療費の基本と仕組みがよーく分かる本［第3版］』秀和システム。

厚生労働省「医師の需給に関する基礎資料（第1回医師需給分科会でのご指摘を踏まえたもの）」
（http://www.mhlw.go.jp/file/05-Shingikai-10801000-Iseikyoku-Soumuka/0000111914.pdf）2017年7月13日参照。

厚生労働省「医療計画の概要について」
（http://www.mhlw.go.jp/stf/shingi/2r9852000000zc42-att/2r9852000000zc72.pdf）2017年7月14日参照。

厚生労働省「医療制度改革の課題と視点」
（http://www.mhlw.go.jp/houdou/0103/h0306-1/h0306-1.html）2017年7月13日参照。

厚生労働省「基準病床数制度について」
（http://www.mhlw.go.jp/stf/shingi/2r9852000000zc42-att/2r9852000000zc7d.pdf）2017年7月14日参照。

厚生労働省「平成26年（2014）医師・歯科医師・薬剤師調査の概況」
（http://www.mhlw.go.jp/toukei/saikin/hw/ishi/14/dl/gaikyo.pdf）2017年7月13日参照。

厚生労働省「平成26年（2014）医療施設（静態・動態）調査・病院報告の概況」
（http://www.mhlw.go.jp/toukei/saikin/hw/iryosd/14/dl/gaikyo.pdf）2017年7月14日参照。

佐藤幹夫（2009）『ルポ　高齢者医療——地域で支えるために』岩波新書。

東京電子機械工業健康保険組合「病気やケガをした時」
（https://www.tokyo-denshikempo.or.jp/konnatoki/byouki-jiko.html）2017年7月13日参照。

中島尚登・矢野耕也・長澤薫子・小林英史・横田邦信（2015）「医療の地域差基礎データを用いた都道府県別平均余命の検討」『厚生の指標』第62巻第1号，pp.1-6。

西宮市「乳幼児等・こども医療費助成制度」
　　（http://www.nishi.or.jp/contents/0003929200060008900
　　159.html）2017年7月13日参照。
『日本経済新聞』2012年2月1日「入院日数短縮へ　中医協が診療
　　報酬改定大枠、再診料は据え置き」。
『日本経済新聞』2013年11月8日「病院の病床規制、運用を柔軟に
　　　規制改革会議が見直し案」。
『日本経済新聞』2013年11月21日「日本の入院日数、OECD加盟
　　34カ国中トップ」。
『日本経済新聞』2015年6月15日「医師不足　深刻なの？　地域
　　や診療科で偏り、改善せず」。
『日本経済新聞』2015年7月12日「人口あたりベッド数　日本、
　　先進国で最多」。
『日本経済新聞』2015年11月4日「病院の受診回数、日本は先進
　　国平均の2倍報酬制度が影響」。
兵庫県「兵庫県保健医療計画（平成25年4月改定）」
　　（https://web.pref.hyogo.lg.gp/kf15/25hokeniryoukei
　　kaku.html）2017年7月14日参照。
吉田あつし（2009）『日本の医療のなにが問題か』NTT出版。

第十三章
有关劳动政策的思考之一：接收移民与非正规就业

在少子老龄化社会，人们最大的担忧是未来的劳动力人口不足。作为应对该问题的政策，接收移民可以说是选择之一。那么，接收移民会给劳动力市场带来怎样的影响？另外，本章也会提到近年来不断增加的非正规就业问题。

一 日本的外籍劳动者接收情况

小崎敏男、牧野文夫、吉田良生（2011）认为，关于是否接收外籍劳动者（见图13-1、图13-2），应该在综合考虑其对产业和国民生活的影响之后再做决定。与侨居日本的外国人相关的法律是《出入国管理及难民认定法》。

日本接收外籍劳动者的方针有以下几个考虑[①]。第一，为了提高国际竞争力，积极促进专业技术领域的外国人在日本就业。第二，在人口不断减少的社会，为确保劳动力供给，首先应采取措施让国内年轻人、女性、老年人进入劳动力市场，在此基础上考虑接收外籍劳动者。

如上所述，虽然日本积极接收专业领域的外国人才，但是在简单劳动方面仍致力于提高国内老年人或女性的劳动参与率。只有在本国老年人和女性的劳动参与率无法进一步提高时，才会考虑制定方针来讨论接收外籍劳动者。

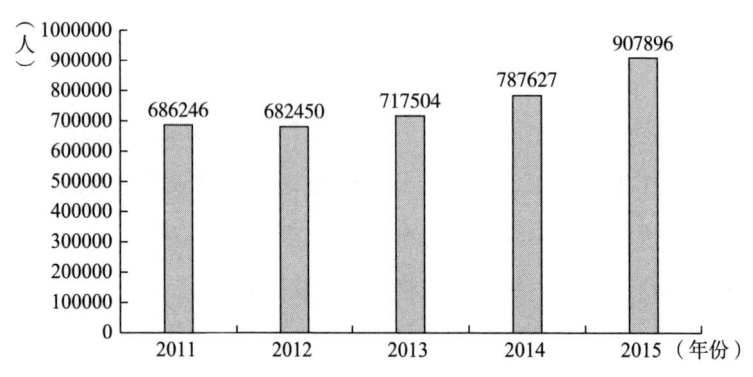

图 13-1　近年日本接收外籍劳动者的情况

资料来源：根据厚生労働省「外国人労働者を巡る最近の動向～高度外国人材の活用促進のために～」制作。

法务省的相关资料中也表达了相同的意见：扩大简单劳动从业者等外籍劳动者的接收范围，有可能强化劳动力市场的二

[①] 法務省「外国人労働者の受入れについて」。

第十三章 有关劳动政策的思考之一：接收移民与非正规就业

元结构，即外籍劳动者所在的劳动力市场的工资水平整体停留在低位。此外，接收外籍劳动者还有可能阻碍对本国简单劳动从业者的雇用。

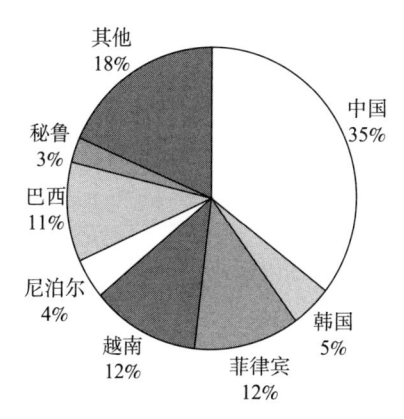

图13-2 外籍劳动者的来源国情况

其他 18%
中国 35%
秘鲁 3%
巴西 11%
尼泊尔 4%
越南 12%
菲律宾 12%
韩国 5%

注：外籍劳动者总数为907896人。
资料来源：根据厚生劳働省「『外国人雇用状況』の届出状況まとめ（平成28年10月末現在）」制作。

从居留资格可以看出，以配偶、定居者等身份居留的外籍人员最多（41.3万人），其次是留学生（21万人）和专业、技术领域人员（20.1万人）等。

随着日本社会少子老龄化的推进，未来劳动力短缺的问题越来越让人担忧。劳动力短缺还会影响到社会保障基金的财政来源。社会保障基金的主要收入来源为税收和社会保险费，这两项资金的筹措在劳动力短缺的情况下都会出现困难，所以增加劳动力人口数量是非常必要的。因此，应该提高生育率以增加未来劳动力人口，积极、有效地利用老年人和女性劳动力。虽然接收外籍劳动者也能增加日本国内的劳动力人口，但存在本国劳动者福利水平下降的担忧。表13-1显示了日本长期人口预测情况，只有在总和生育率达到2.07且每年接收20万名移民时，未来日本的人口才有可能维持当前的规模。

表13-1 未来人口预测

年份	2012年	2060年	2110年
维持当前的生育率	12752万人（24.1%）	8674万人（39.9%）	4286万人（41.3%）
总和生育率提高到2.07		9894万人（29.0%）	9136万人（23.1%）
总和生育率提高到2.07、每年接收20万名移民		10989万人（28.1%）	11404万人（22.9%）

资料来源：根据内阁府「目指すべき日本の未来の姿について」制作。

再来看看日本国内的民生情况。如图13-3所示，接收移民会增加日本国内的劳动力供给，在图中表现为劳动力供给曲线向右移动。这时，如果劳动力需求曲线不发生变化，则劳动力人口增加、工资水平下降。如果工资水平下调是刚性的，接收外籍劳动者就会引发失业问题，而在经济萧条时期，这一影响恐怕会更大。

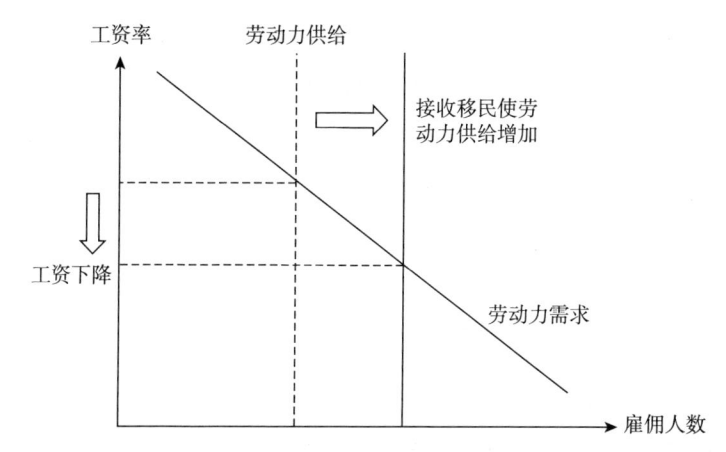

第十三章　有关劳动政策的思考之一：接收移民与非正规就业

图 13-3　接收外籍劳动者与本国劳动力市场的关系

二　其他国家的外籍劳动者接收情况

下面对其他国家迄今为止的移民政策进行说明。根据小崎敏男、牧野文夫、吉田良生（2011）的研究，英国、法国和荷兰最初都采取了同化政策（移民要放弃母国的语言、文化等，融入接收国家的社会）。而德国、奥地利和瑞士只以进入劳动力市场就业的形式接收移民。然而，研究表明，上述国家的同化政策在20世纪70年代的经济大萧条中是失败的。

此后，加拿大、澳大利亚、英国、荷兰、瑞典采用了与同化政策相反的多元文化主义移民政策。然而，在欧洲社会恐怖主义袭击事件频发的今天，该政策方向也出现了转折。

以下以弗朗索瓦·埃朗（François Héran, 2008）的研究为基础具体说明加拿大的移民接收政策。加拿大针对申请移民的外国人的各种资质制定了打分制度，像选拔测试一样用打分结果来决定是否接收移民。申请者在网站上计算得分，分数达到合格线才能进入书面材料审查阶段。这项选拔测试的合格人数是有上限的。为了促进高级人才的引进，加拿大的打分制度设置了加分项，包括拥有博士学位、硕士学位或工作经验等。

西班牙则实行了移民分配政策，移民被雇用后可以进入西班牙工作，但被分配到某个地区或某个产业部门后就不能再做更改了。

下面根据独立行政法人劳动政策研究与研修机构的资料来介绍法国的外籍劳动者接收情况。2011年法国的移民人口高达400万人，占其劳动年龄人口的10%。移民人口的失业率高达16%，大约是非移民人口失业率的2倍。其中，来自北非国家的移民人口的失业率尤其高，超过了20%。资料也显示，很多移民作为钟点工或短期合同工从事建筑业或酒店餐饮业，受雇情况并不稳定。

在15~64岁移民的来源国中，来自摩洛哥的移民最多（14.5%），其次是阿尔及利亚（12.7%）和突尼斯（4.4%）。

从学历看，移民的学历普遍较低。近半数移民只有中学以下学历，而非移民人口中只有1/4为中学以下学历。移民中拥有大学以上学历的人占总数的21.9%，明显低于非移民人口的29.5%，两个群体之间存在学历差距。

有关学历问题，根据OECD（2011）的《移民子女与差距问题》做进一步说明。该报告指出，移民家庭的孩子有较大的中途退学风险。并且，移民家庭的孩子很少如愿进入那些与各类资格证书相关联的大学热门专业。

第十三章 有关劳动政策的思考之一：接收移民与非正规就业

与其他国家相比，日本对接收移民持消极态度，移民人数占总人口的比重也非常低（见图13-4）。日本政府曾经表示要在看护和护理行业引入外籍劳动者，但遭到国内民众的强烈反对。[①] 人们担心随着外籍劳动者的进入，该行业的工资水平会停留在较低位置，也担心外籍劳动者会抢走工作岗位。结果是，如果外籍劳动者在一定年限内没有通过护理福利士或看护师的资格考试，政府将不予签发工作签证。对于外国人来说，用日语参加资格考试的难度非常大，他们的合格率低于日本人。

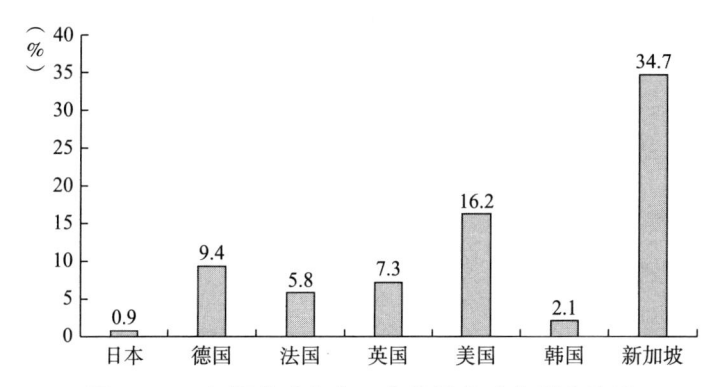

图13-4　各国劳动力人口中外籍劳动者所占比重

注：2009年数据。
资料来源：根据法务省「外国人労働者の受入れについて」制作。

今后，护理等原因导致的劳动力短缺情况可能更加严重。外籍劳动者也许没有必要到难以实现就业的日本工作，可以移

[①]『日本経済新聞』2013年3月30日「介護・看護、外国人の参入どう思いますか」。

民到语言障碍不那么大的其他国家。到那个时候，日本恐怕就没办法通过接收移民来解决护理市场的劳动力短缺问题了。未来，由于世界性的劳动力短缺问题，各国对于接收移民将变得更加积极，在接收移民方面可能会出现竞争。

三　非正式员工的相关问题

一方面，与正式员工相比，非正式员工存在受雇情况不稳定、难以形成人力资本等问题；另一方面，由于劳动时间较短，非正式员工可以根据自己的生活方式来安排工作，能够实现工作与养育子女、照顾老人等之间的平衡，（见图 13-5）。

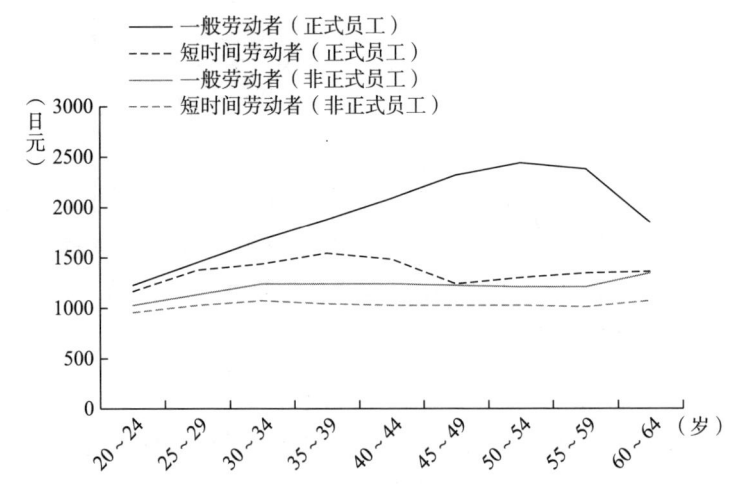

图 13-5　正式与非正式员工的平均工资（按时薪换算）差距
资料来源：根据厚生劳働省「『非正规雇用』の现状と课题」制作。

小仓一哉（2013）以总务省的《就业结构基本调查（2007）》

为基础，介绍了人们辞职的理由。根据调查结果，辞职理由中占比最高的是"劳动条件差"（20.8%），其次是"结婚"（19.4%）和"育儿"（14.1%）。

本书基于大内伸哉、川口大司（2012）的研究来说明非正式员工数量变化给劳动力市场带来的影响。希望从事非正式工作的劳动者增加，劳动力市场的工资水平会下降。如图13-6所示，一方面，当劳动力供给曲线向右移动、劳动力供给与需求实现平衡时，雇佣人数增加，工资水平会下降；另一方面，当非正式工作岗位增加时（经济繁荣时），企业为了雇用到更多的员工，就会提高工资水平。从图13-6可以看出，当劳动力需求曲线向右移动、劳动力供给与需求实现平衡时，不仅雇佣人数会增加，工资水平也会提高。

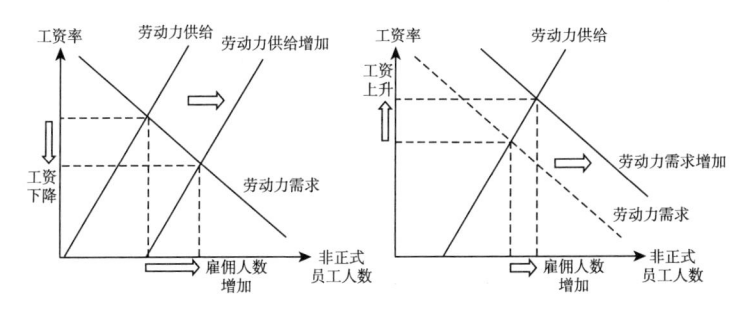

图13-6 非正式员工的供给与需求增加情况

经济学认为不同劳动力市场之间的工资水平可以实现均等。如图13-7所示，在工资水平较高的劳动力市场，劳动力供给增加会导致工资水平下降；而在工资水平较低的劳动力市场，劳动力供给减少会引起工资水平上升。但是，如果劳动力不能自由流动，比如高中学历与大学学历的劳动力市场各自独立，那么工资水平就会产生差别。

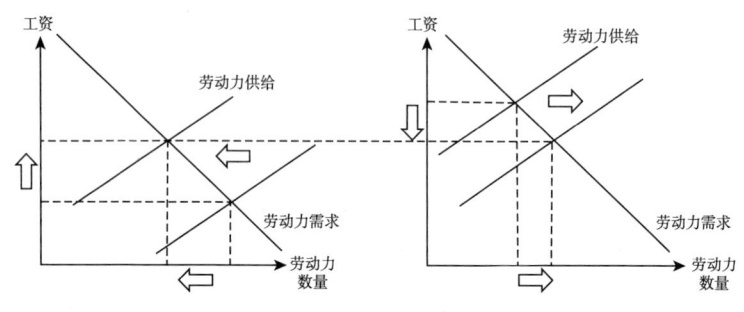

图 13-7 劳动力市场的工资差别

日本的《劳动基准法》第 4 条规定："雇主不得以性别为由，在男性与女性员工工资水平上进行差别对待。"理论上，如果男性与女性员工的工作内容不存在差别，换言之如果有男性和女性能够共同工作的劳动力市场，男性与女性间就不存在工资差别，《劳动基准法》中提到的问题也就不会存在。但是，根据 OECD 的统计资料，各国在某种程度上都存在性别间的工资差别，但日本的这种工资差别尤其显著（见表 13-2）。

表 13-2 性别间的工资差别

国家	工资差别	连续工龄	
		男性	女性
日本	71.3	13.3	9.1
美国	82.1	4.7	4.5
英国	80.9	9.2	8.7

续表

国家	工资差别	连续工龄	
		男性	女性
德国	81.3	11.9	10.8
法国	84.6	12.3	12.2
瑞典	88	9.7	10.3

注：工资差别以男性为100。
资料来源：根据独立行政法人労働政策研究・研修機構「データブック国際労働比較」制作。

男性与女性员工之间出现工资差别的主要原因包括学历、年龄和连续工龄等。如果连续工龄比较短，劳动者就无法累积人力资本，劳动生产率得不到提高，也就很难获得较高的工资。女性的连续工龄比男性短的原因在于，除了工作之外，女性还要兼顾育儿。女性因为生产和育儿，更有可能长期休假或离职。如果这种状况得不到改善，男性与女性员工之间的工资差别将很难消除。

此外，女性在求职过程中会考虑工作与婚姻、养育子女等的平衡问题，因此往往倾向于选择工资待遇略低但加班较少的行业。无论怎样，对女性而言，兼顾工作和育儿都是一个不可避免的问题。

四 不确定性与工资差别

本节将说明不确定性可能带来的工资差别。

假设某人在一家企业上班，可以获得的工资为 w，并且没有被辞退的风险。但同一人如果在另一家企业上班，工资为100万日元，同时有10%的概率被辞退且被辞退后得不到任何钱。

在这种情况下，工资 w 低于多少时员工会选择跳槽呢？通常，人们在选择工作场所时以效用最大化为目标，用$\sqrt{\text{工资}}$来表示效用[①]。

当存在不确定性时，使用期望效用。

如果不跳槽，期望效用为 $\sqrt{w}$。

如果跳槽，期望效用为 $0.9 \times \sqrt{1000000} + 0.1 \times 0 = 900$。

当 $\sqrt{w}<900$ 时，选择跳槽可以使期望效用增强，将两边平方可得 $w<810000$。也就是说，当在第一家企业的工资低于81万日元时，员工会选择跳槽。

在这样的情况下，如果在第一家企业的工资超过81万日元，员工就不会跳槽。此时，两家企业之间就会产生工资差别。

参考文献

OECD（2011）『移民の子どもと格差』（斎藤里美監訳、布川あゆみ・本田伊克・木下江美訳）明石書店。

大内伸哉・川口大司（2012）『法と経済で読みとく雇用の世界働くことの不安と楽しみ』有斐閣。

[①] 效用是指个人快乐程度。一般认为，个人工资越高，能购买的商品和服务就越多，能感受到的快乐也就越多。但是随着工资继续增加，这一效用的增长会逐渐放缓。尽管可以购买许多商品和服务，但很难像最初消费时那么快乐了。考虑到以上情况，效用有限是一个普遍规律。

第十三章　有关劳动政策的思考之一：接收移民与非正规就业

小倉一哉（2013）『「正社員」の研究』日本経済新聞出版社。
厚生労働省「『外国人雇用状況』の届出状況まとめ（平成 28 年 10 月末現在）」
（http://www.mhlw.go.jp/stf/houdou/0000148933.html）2017 年 7 月 15 日参照。
厚生労働省「外国人労働者を巡る最近の動向～高度外国人材の活用促進のために～」
（https://www.jetro.go.jp/ext_images/jetro/activities/support/ryugakusei/pdf/report_20160426/session_first_1.pdf）2017 年 7 月 15 日参照。
厚生労働省「『非正規雇用』の現状と課題」
（http://www.mhlw.go.jp/stf/seisakunitsuite/bunya/0000046231.html）現在は削除。
小崎敏男・牧野文夫・吉田良生（2011）『キャリアと労働の経済学』日本評論社。
総務省「就業構造基本調査（2007）」
（http://www.stat.go.jp/data/shugyou/2007/）2017 年 7 月 15 日参照。
独立行政法人労働政策研究・研修機構「国別トピックス 2 月フランス移民人口、生産年齢人の約 10% に――失業率は非移民の 2 倍、政府が報告書」
（http://www.jil.go.jp/foreign/jihou/2013_2/france_01.html）2017 年 7 月 15 日参照。
独立行政法人労働政策研究・研修機構「データブック国際労働比較」
（http://www.jil.go.jp/kokunai/statistics/databook/index.html）2017 年 7 月 15 日参照。
内閣府「目指すべき日本の未来の姿について」
（http://www5.cao.go.jp/keizai-shimon/kaigi/special/future/0224/shiryou_01.pdf）2017 年 7 月 15 日参照。
『日本経済新聞』2013 年 3 月 30 日「介護・看護、外国人の参入どう思いますか」。
フランソワ・エラン（François Héran）（2008）『移民の時代　フ

ランス人口学者の視点』(林昌宏訳) 明石書店。
法務省「外国人労働者の受入れについて」
　(http://www.moj.go.jp/content/000121299.pdf) 2017 年 7 月 15 日参照。

第十四章
有关劳动政策的思考之二：
劳动经济的现状

近些年，受经济政策等因素的影响，日本的就业环境正在改善。虽然失业率有所下降，但失业问题依然无法得到彻底解决。为什么不能彻底消除失业现象呢？本章将就其原因进行说明。

一 劳动经济情况

图 14-1 对日本的劳动经济指标进行了分类。首先对"完全失业者"这一概念进行说明。"完全失业者"是"目前没有工作但只要获得工作机会马上就可以到岗、正在寻找工作的人"。[1] 也就是说，没有工作意愿的人是不能被称为"完全失业

---

[1] 総務省統計局「労働力調査に関するQ＆A（回答）」。

者"的;一些女性曾经试图寻找能兼顾工作和家庭的岗位,但因为没有条件适合的工作,最终放弃求职活动,她们也不能算作"完全失业者"。

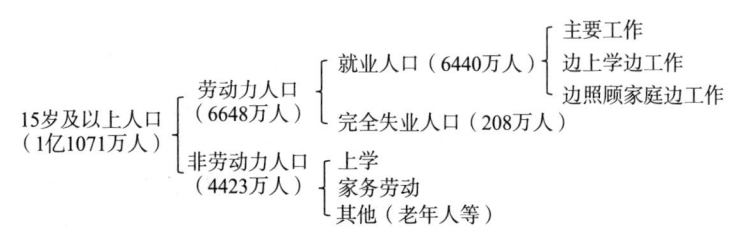

```
                    ┌ 劳动力人口    ┌ 就业人口(6440万人) ┌ 主要工作
15岁及以上人口      │ (6648万人)    │                     │ 边上学边工作
(1亿1071万人)       │                └ 完全失业人口(208万人) └ 边照顾家庭边工作
                    │               ┌ 上学
                    └ 非劳动力人口  │ 家务劳动
                      (4423万人)    └ 其他(老年人等)
```

图 14-1　日本劳动力人口情况

注:2016 年数据。

资料来源:根据総務省統計局「労働力調査　用語の解説」、総務省統計局「労働力調査(基本集計)　平成 28 年(2016 年)平均(速報)結果」制作。

雷曼事件引发了全球性金融危机,日本的对外出口大幅减少,经济严重衰退,失业率一时间急速攀升。随着经济状况渐渐好转,日本的失业率逐渐下降,特别是需求不足导致的周期性失业率大幅降低,但自然失业率依然没有很大改善(见图 14-2)。这是因为自然失业率不受经济状况影响。劳动者从求职到上岗需要一定时间,而企业也同时缺少员工。这种求职劳动者和招聘岗位并存状态下的长期失业率就是自然失业率(见表 14-1)。

表 14-1　长期失业的分类

摩擦性失业	由劳动者与工作的匹配过程导致的失业,通常来说失业时间较短

续表

结构性失业	求职人数比劳动力市场提供的工作岗位数多引起的失业，通常来说失业时间较长

资料来源：根据 N·グレゴリー·マンキュー著、足立英之·石川城太·小川英治·地主敏樹·中馬宏之·柳川隆訳（2014）『マンキュー経済学Ⅱマクロ編［第 3 版］』制作。

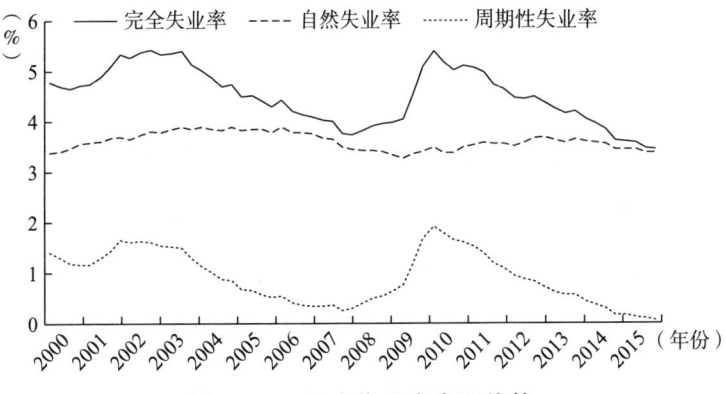

图 14-2 日本失业率发展趋势

注：数据每季度跟踪一次。
资料来源：根据厚生労働省「労働経済の分析」制作。

二 劳动力数量与工资刚性

如图 14-3 所示，左图为劳动力需求曲线，右图为劳动力供给曲线。两幅图的横轴为劳动力数量，纵轴为工资率。工资率越低，企业就越希望多雇用员工。实际上，这与东西越便宜越想买是同样的道理。

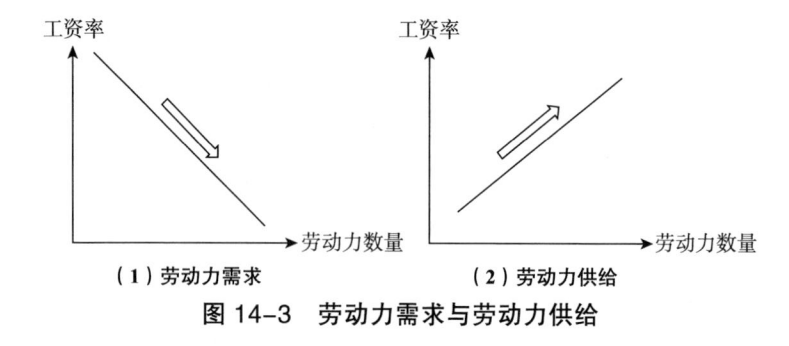

图 14-3　劳动力需求与劳动力供给

观察劳动力供给曲线可知，工资率越高，人们越希望花较多的时间工作，也有更多的人愿意参与劳动。原因很简单，工资越高，付出同样的劳动可以获得的钱就越多。如果每小时的工资增加，打工的人会考虑多花些时间工作。如果工资增加却没去工作，人们就会觉得遭受了什么损失。

如图 14-4 所示，在劳动力市场，工资率与劳动力数量是由劳动力需求与劳动力供给所确定的。劳动力供给与需求曲线相交处在横轴上对应的点是均衡就业量，在纵轴上对应的点是均衡工资率。

不过，上述情况是以工资具有弹性为前提的。如果价格具有弹性，供给和需求发生变化时，价格也会随之调整。然而，有时明明还有很多人想购买，但商品已经销售一空了，即需求大于供给。劳动力市场也会发生供求不平衡的情况，这是由工资刚性导致的。

如图 14-5 所示，假设最低工资标准高于供需平衡时的工资水平。在这种情况下，如果工资具有弹性，那么工资水平会下降，供给大于需求（即失业）问题就会得到解决。然而，由

第十四章 有关劳动政策的思考之二：劳动经济的现状

于最低工资制度的存在，工资降到一定水平后就不能再继续下降了，即工资呈现出刚性特征。于是，工资水平始终停留在高于均衡点（零失业）的位置，失业问题无法得到根本解决。

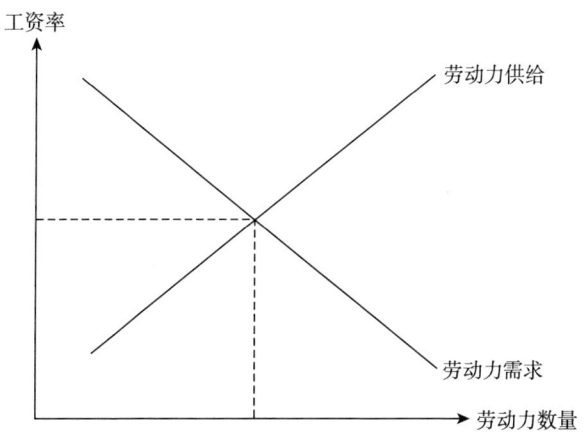

图 14-4 均衡就业量和均衡工资率

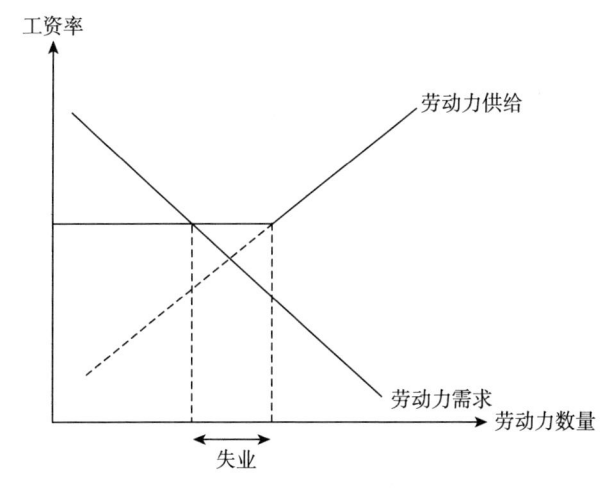

图 14-5 工资刚性与失业

最低工资制度指："国家根据《最低工资法》制定了工

资的最低标准，用人单位向劳动者支付的工资必须高于该标准。"① 各都道府县的最低工资标准是不一样的。大内伸哉、川口大司（2012）指出，领取最低工资的户主的比重较小，但领取最低工资的非户主比重较大。

除此之外，工会的存在也是工资刚性的重要成因。根据日本工会总联合会的资料，工会的活动包括谋求改善就业环境，积极解决性骚扰或职权骚扰②问题，提出提高工资、改善长时间劳动问题等要求。③ 正是因为工会的存在，企业不能单方面决定员工的工资标准，才造成了工资刚性。不过，工会的参与率逐年下降，2016年的参与率只有17.3%。④ 工会使劳动者团结在一起，以往劳动者个人提出但被拒绝的要求有可能通过工会的团体交涉而得到满足。日本宪法规定了以下三项劳动权利。⑤

①团结权。劳动者有权为了实现劳资之间的平等对话而组建和加入工会。

②集体交涉权。工会有权就劳动条件等问题与雇主进行交涉。

③集体行动权。劳动者有权为了争取工作环境的改善而进行集体罢工。

---

① 厚生労働省「最低賃金制度とは」。
② 职权骚扰指凭借自身地位、IT等专业知识以及人际关系等职场优势，超出正常业务范围给人造成精神和肉体痛苦或恶化职场环境的行为。具体包括施暴等身体攻击、威胁等精神攻击、无视或排斥、安排过多工作等过度要求、不安排工作等过少要求、干涉个人隐私6种类型。——译者注
③ 日本労働組合総連合会「なぜ労働組合が必要なのか？」。
④ 厚生労働省「労働組合基礎調査」。
⑤ 日本労働組合総連合会「働く人の権利とは？」。

除了上文提到的《劳动基准法》和《工会法》之外,保护劳动者的法律还包括用来解决劳资争端的《劳动关系调整法》。

在以上两个原因的作用下,工资呈现出刚性,周期性失业就产生了。

如图 14-6 所示,在经济萧条时期,劳动力需求会减少,劳动力需求曲线会向左移动。此时,如果工资率固定在一定水平,那么劳动力需求就会小于劳动力供给,失业情况会增多。即使经济状况好转,由于工资刚性的影响,失业问题也无法得到根本性解决。

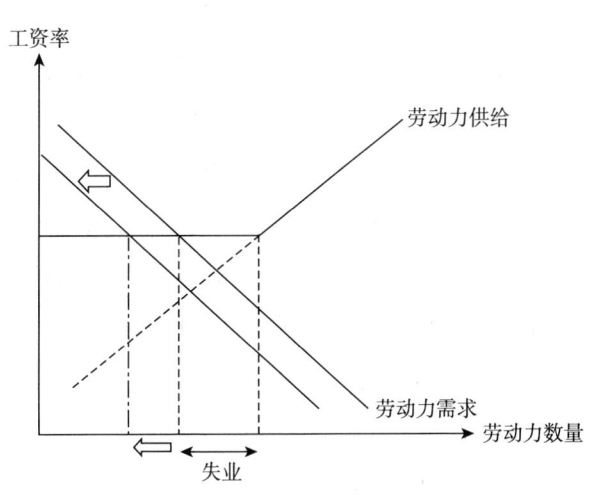

图 14-6　工资刚性与经济萧条

三　老年人的就业促进政策

接下来分析促进老年人就业的相关政策。《雇用保险法》

中有一项被称作"高年龄雇佣继续给付"的规定。参加雇用保险5年以上且年龄为60~65岁的投保人,如果60岁后继续工作,其工资水平未达到本人60岁时工资标准的75%,那么雇用保险会对其进行补偿。

有些人对这项政策提出了质疑,担心这样会挤占年轻人的就业机会。根据太田总一（2012）的研究,自2006年以来,随着男性老龄化指标的上升,企业对年轻人的录用确实有所收紧。同时,随着老年劳动者增多,企业也减少了对以女性为主的兼职人员（含应届毕业生）的录用。从对行业的影响来看,在建筑业,男性之间存在替代关系,年轻人的就业机会确实受到了抑制。如上所述,人们的担忧确实已经部分变为事实,老年人与年轻人在就业方面难免会产生一些竞争。

政府为了增加劳动力供给,为老年劳动力发放补助金。有关这一政策,以下进行简要分析。当劳动力需求为$w=100-L$、劳动力供给为$w=L+10$时,政府实施雇佣政策,在劳动者原有工资w的基础上,增加10个单位的雇佣补助金[劳动者获得的工资总额为$(w+10)\times$劳动力供给],求供需均衡时的工资w和劳动力数量L。

由于在劳动者原有工资的基础上增加了10个单位的补贴,那么即使工资降低10个单位,劳动者的工资总额也不会降低,此时的劳动力供给就不会发生变化。

如图14-7所示,在政府为老年劳动者发放工资补贴之后,劳动力供给曲线与劳动力需求曲线相交,形成了新的均衡就业量和均衡工资率。与实施补贴政策之前相比,劳动力数量有所增加。

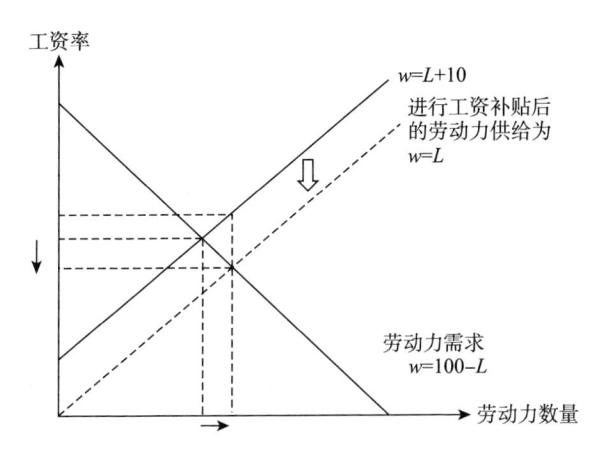

图 14-7　老年劳动者的就业补助金政策

（图中标注：工资率；$w=L+10$；进行工资补贴后的劳动力供给为 $w=L$；劳动力需求 $w=100-L$；劳动力数量）

四　劳动力需求曲线与劳动力供给曲线的推导

图 14-8 显示了生产量与劳动力数量之间的关系。按照边际报酬递减规律，随着劳动力数量增加，生产量也会增加，但生产量的增加速度会放缓。此时，随着工资率下降，劳动力数量就会增加。推导可知劳动力需求曲线向右下方倾斜。

接下来推导劳动力供给曲线。假设效用函数如下：

$U=Y\times L$ [U 为效用（即满足程度），Y 为收入，L 为闲暇时间]

当劳动者的每单位时间中 L 为闲暇时间、$1-L$ 时间用于工作时，如果财产性收入为 A，那么总收入为：

$Y=w(1-L)+A$（w 为工资率，A 为财产性收入）

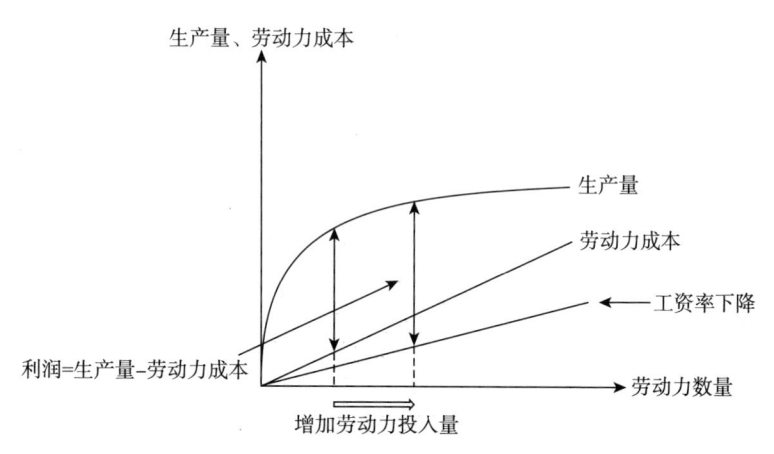

```
                生产量、劳动力成本
                     ↑
                     │              ╱─────────── 生产量
                     │          ╱
                     │        ╱          ─────── 劳动力成本
                     │      ╱
                     │    ╱                ← 工资率下降
   利润=生产量-劳动力成本 │  ╱
                     │╱_____→ 劳动力数量
                         增加劳动力投入量
```

图 14-8 劳动力需求曲线推导

将上述公式代入效用函数，可以推导出劳动时间：

$$\begin{aligned}
U &= (w(1-L) + A)L \\
  &= wL - wL^2 + AL \\
  &= -wL^2 + (w+A)L \\
  &= -w\left(L^2 - \left(1 + \frac{A}{w}\right)L\right) \\
  &= -w\left(L^2 - \left(1 + \frac{A}{w}\right)L + \left(\frac{1 + \frac{A}{w}}{2}\right)^2 - \left(\frac{1 + \frac{A}{w}}{2}\right)^2\right) \\
  &= -w\left(L - \frac{1 + \frac{A}{w}}{2}\right)^2 + \frac{w\left(1 + \frac{A}{w}\right)^2}{4}
\end{aligned}$$

上式中效用最大化时的闲暇时间为 $L = \dfrac{1 + \dfrac{A}{w}}{2}$，劳动时间为 $1 - L = \dfrac{1 - \dfrac{A}{w}}{2}$。① 闲暇时间和工作时间都可以求得。

---

① 还可以对上式进行微分求解，此时可以得到 $\dfrac{dU}{dL} = -2wL + w + A = 0$。

第十四章　有关劳动政策的思考之二：劳动经济的现状

当工资率上升时，劳动时间增加，劳动力供给也会增加，因此可以推导出向右上方倾斜的劳动力供给曲线。

参考文献

N・グレゴリー・マンキュー著、足立英之・石川城太・小川英治・地主敏樹・中馬宏之・柳川隆訳（2014）『マンキュー経済学Ⅱマクロ編［第3版］』東洋経済新報社。

大内伸哉・川口大司（2012）『法と経済で読みとく雇用の世界働くことの不安と楽しみ』有斐閣。

太田總一（2012）「雇用の場における若年者と高齢者——競合関係の再検討」『日本労働研究雑誌』No.626（2012年9月）pp.60-74。

厚生労働省「最低賃金制度とは」

（http://www2.mhlw.go.jp/topics/seido/kijunkyoku/minimum/minimum-10.htm）2017年7月16日参照。

厚生労働省「労働組合基礎調査」

（http://www.mhlw.go.jp/toukei/itiran/roudou/roushi/kiso/16/index.html）2017年7月16日参照。

厚生労働省「労働経済の分析」

（http://www.mhlw.go.jp/wp/hakusyo/roudou/15/15-1.html）2017年7月16日参照。

総務省統計局「労働力調査（基本集計）　平成28年（2016年）平均（速報）結果」

（http://www.stat.go.jp/data/roudou/sokuhou/nen/ft/index.htm）2017年7月16日参照。

総務省統計局「労働力調査に関するQ＆A（回答）」

（http://www.stat.go.jp/data/roudou/qa-1.htm）2017年7月16日参照。

総務省統計局「労働力調査　用語の解説」
　　（http://www.stat.go.jp/data/roudou/definit.htm）2017 年 7
　　月 16 日参照。
日本労働組合総連合会「なぜ労働組合が必要なのか？」
　　（https://www.jtuc-rengo.or.jp/about_rengo/toall/
　　necessary.html）2017 年 7 月 16 日参照。
日本労働組合総連合会「働く人の権利とは？」
　　（https://www.jtuc-rengo.or.jp/about_rengo/toall/
　　necessary.html）2017 年 7 月 16 日参照。

第十五章
灾后重建

2011年3月11日,日本发生了东日本大地震。与地震带来的直接影响相比,地震引发的海啸在更大范围内造成了巨大的灾害(见表15-1)。2016年熊本发生大地震、2017年九州北部降暴雨等,可以说日本是一个灾害频发的国家。本章将以

表15-1 东日本大地震与阪神大地震的受灾情况对比

项目	东日本大地震	阪神大地震
财产损失(公共设施、住宅、私有企业的设备等)	16万亿~25万亿日元	约10万亿日元
死亡或失踪人数	18449人 (截至2016年12月9日)	6434人
灾后重建资金预算	30万亿~40万亿日元	16.3万亿日元

资料来源:根据経済セミナー増刊(2011)『復興と希望の経済学 東日本大震災が問いかけるもの』,岩城秀裕・是川夕・権田直・増田幹人・伊藤久仁良(2011)「~東日本大震災によるストック毀損額の推計方法について~」、復興庁(2017)「東日本大震災からの復興の状況と取組」制作。

东日本大地震为例，探讨灾后重建问题。

一　东日本大地震后的受灾情况与重建资金

如表 15-2 所示，东日本大地震发生后，重建资金共需要约 25.3 万亿日元。这笔资金主要用于各项修复和重建工作，通过政府发行的复兴国债来筹集。复兴国债指东日本大地震发生后政府为了筹集灾后重建资金而发行的国债。[①] 复兴国债不同于一般的建设国债和特种国债，将通过增加个人所得税、法人税、住民税等方式来偿还，偿还期限为 25 年。

表 15-2　东日本大地震集中重建阶段的财政来源

削减财政支出、调整税外收入和儿童津贴 ·调整公务员工资 ·出售日本烟草公司股票	约为 8.5 万亿日元
为灾后重建而增加的税收 ·复兴特别所得税、复兴特别法人税 ·个人住民税（平均上调）	约为 10.5 万亿日元
其他财政来源 ·出售日本邮政股票的收入 ·财政盈余等	约 6 万亿日元
合计	约 25 万亿日元

资料来源：根据復興庁（2013）「復興財源フレームの見直しについて」制作。

与以贷款方式筹集资金相比，通过税收方式筹集资金不是

[①] 详细说明参见株式会社日立総合計画研究所「復興債」。

在特定期间集中征收，而是在较长一段时间内慢慢地征收。与短期内每年征收高额的税费相比，人们更容易接受在较长时间里每年征收较少税费的方式。下文将就这个问题进行说明。

假设要在10年之内通过税收方式筹集资金，如果前5年没有提高税率，那么后5年就必须通过较高的税率来增加税收。于是，在后5年里，人们会因为缴税压力增大而减少消费活动，企业生产的商品和服务也无法销售出去，经济萎缩、陷入低迷的可能性极大。

如果从一开始就增加税收，10年里平均课税，那么税率的上升幅度就会比较小，经济萎缩的程度也会比较低。比起前一种增税方式，后一种方式更加理想，这也是税收稳定原则的体现。筹集重建资金也是同样的道理，为短时间内急需的重建支出筹集资金，比起短期内大量增加税收，通过中长期课税方式筹集的方法更加合理。很多研究以消费税增税等为例，就税收对经济的影响进行了说明。①

例如，当人们事先知道政府会增加税收时，就有可能在增税前进行某种程度的购买，这就是增税前的"赶脚式需求"②。人们由于在增税前已经购买了商品，增税后就不会再次购买，便会出现需求的反弹式下滑。增税的规模越大，反弹式下滑就越严重，增税后消费减少的程度也就越高（见图15-1）。为了减轻经济震荡程度，政府自然希望减轻上述情况造成的影响。

---

① 具体案例参见小方尚子（2014）、みずほリサーチ（2014）。
② 参见《日本增税的民间叹息》，《国际金融报》2014年4月14日，第3版。——译者注

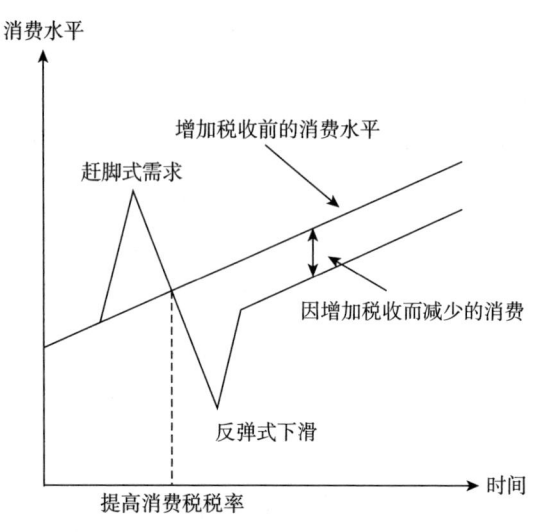

图 15-1　增加税收对经济形势的影响

注：这里假设消费会随着经济增长而按照一定比重持续增长。

也许有人会问，不发行复兴国债，发行建设国债是不是也可以？建设国债是为了进行基础设施建设而发行的国债，偿还期限通常为 60 年。因为下几代人也将使用这些基础设施，人们认为可以把需要偿还的债务让后人稍为分担。不过，因为日本的国债金额不断增加，已达上限，最后还是决定发行为期 25 年、筹措方式明确的复兴国债。

二　东日本大地震与生产损失

东日本大地震发生后，一些地区虽然没有受到地震的直接影响，但生产活动也停止了，本节基于马奈木俊介（2013）的研究来说明其中的原因。

首先，出现生产损失（生产停止或减少）的最重要原因是地震造成的震荡。震荡造成生产设备出现故障，从而导致生产停止。出现生产损失的另一个原因是电力、天然气、水等基本生活供应停止。当然，海啸也是出现生产损失的重要原因。此外，原材料供应中断也是原因之一。工厂生产某种中间产品需要使用原材料，但如果生产原材料的工厂在地震灾害中遭受了损失或者运输出现困难，没有原材料，生产中间产品的工厂也就无法继续运转。紧接着，需要使用这些中间产品来生产最终产品的工厂也不得不停产。于是，整条供应链就这样断裂了。①这种供应链的断裂给西日本也造成了很大的影响。另外，地震之后的核泄漏事件也给生产带来了损失。

相关企业在不同地方分散生产而不是集中在一地生产，可以在某种程度上降低原材料和中间产品供应困难导致的停产风险。但是，相关企业集中在一处进行生产是有一定优势的。例如，可以降低管理成本；可以确定一个交付地点，降低采购成本。考虑到分散生产会增加的成本和支出，企业很难迅速分散设厂或调配材料。

接下来基于复兴厅（2017）的资料来说明水产业的情况。如图15-2所示，渔获金额和水产加工设施已经恢复到灾前水平的九成左右。但是水产加工制品的出货额只恢复到之前的不到八成。震灾结束后，虽然各行各业都在逐渐复苏，但是并未完全恢复到灾前水平。原因之一便是灾害导致人们失去了稳定

---

① 『日本経済新聞』2011年7月20日「(ゼミナール) 復興への経済戦略（2）生産の落ち込み　部品不足など供給制約が主因に」。

的产品销路。根据水产厅的调查报告，小型水产加工业者的销售额恢复速度非常缓慢。①

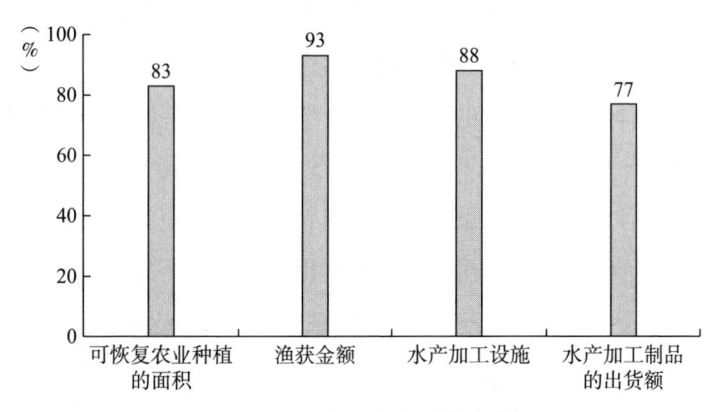

图 15-2　水产业的灾后恢复情况

注：图中计算以震灾发生前的水平为100%。可恢复农业种植的面积为2016年9月末的数据，渔获金额为2015年2月到2016年1月的数据，水产加工设施为2016年6月末数据，水产加工制品的出货额为2014年1月至12月数据。

资料来源：根据復興庁（2017）「東日本大震災からの復興の状況と取組」制作。

三　东日本大地震与就业情况

东日本大地震给灾区的劳动力市场带来了巨大的打击。地震和海啸导致的生产设备损毁等让众多劳动者失去了工作，也失去了收入。因非雇主责任出现停工时，雇主不需要为员工

---

① 水産庁「水産加工業者における東日本大震災からの復興状況アンケート（第2回）の結果について」。

发放停业津贴,这导致很多员工失去了工资收入。针对这种情况,即便灾区的劳动者算不上严格意义的失业离职,政府还是采取了特殊措施,在停工期间给这些劳动者发放了失业津贴。①

因震灾失去工作的劳动者不得不重新求职,但面临人岗错配问题(求职者的技能与工作岗位的要求不一致)。②例如,在灾后重建过程中,建筑业的劳动力需求旺盛,但若没有建筑业相关从业资格或执照,无论建筑业能够提供多少工作岗位,求职者也无法就职。地震后,灾区的有效求人倍率③先是低于全国平均水平,而后逐步上升。不过,求职者技能和岗位要求之间的差距依然存在,就业情况无法立刻得到改善。

四 灾后的生活环境

冈田广行(2015)的研究中提到了《灾区儿童生活调查——丢失的放学后》一文,根据这一调查结果,儿童的生活环境在震灾前后发生了巨大的变化。地震发生后,只有四成孩子能够继续学习和开展体育运动,七成以上的孩子与朋友玩耍的机会减少了。

校舍等在地震中受损,难以继续使用。有的学校会在空地

---

① 『日本経済新聞』2011 年 8 月 2 日「(ゼミナール)復興への経済戦略(11) 被災による失職 雇用環境厳しく失業率 10% 台も」。
② 『日本経済新聞』2013 年 7 月 23 日「雇用のミスマッチ、被災地で深刻 経済財政白書」。
③ 有效求人倍率是显示个人求职需求与企业提供相应岗位比例的倍率。——译者注

上搭建临时校舍，把附近几所学校的孩子集中起来一起上课。[1]另外，还会在教室竖起隔板，将一间教室改成两间使用。孩子们在上学路上花费的时间更多了，有些是因为搬进了临时住房，有些是因为要前往不同的校舍上课。震灾后还存在食物供应不足问题。以仙台市为首的许多自治体采取了应对措施，但也只能给每人提供仅有1个面包和1份牛奶的简单餐食。[2]遭受震灾以后，保育园也不能继续使用了。临时保育园里没有加工和处理食物的地方，难以给幼儿提供方便食用的餐食，工作人员为此想尽了办法。另外，临时保育园与临时住房相距较远，家长需要花更长的时间接送孩子，这给他们带来了一定的负担。[3]

冈田广行（2015）还提到了农户的灾后生活。因为受到了海啸的影响，农田地下水中的盐分很高，此前种植的作物已经无法生长了。例如，宫城县亘理町就不能再种植草莓了。

在这种情况下，农户有两个选择。一是入住亘理町准备好的"草莓住宅区"，二是自力更生、重建家园。"草莓住宅区"是亘理町为了恢复草莓种植而花费110亿日元建设的住宅区。[4]但冈田广行（2015）指出，入住"草莓住宅区"以最终购买土地为前提条件，出于资金困难或者不愿放弃祖宅等原因，很多

---

[1] 日本赤十字社「終わらない復興への道　あれから2年半——福島県を訪ねて（その4）」。
[2] 『日本経済新聞』2011年4月9日「学校再開、給食まだ…余震で復旧遅れも施設被災、パンと牛乳でしのぐ」。
[3] 『日本経済新聞』2011年10月18日「（暮らしの復興）仮設保育所『穏やかな時を』」。
[4] NHKオンラインホームページ。

农户只能放弃种植草莓，选择自力更生，改种蔬菜作物。

冈田广行（2015）还提到了日本政府对水产业的补贴政策。针对不同重建事业的补助金，补助率也不同，无论如何生产者自己都要负担一部分。这（无法承担自付部分支出）妨碍了人们获得新的船只以开展捕捞活动。即便生产者有了渔船，如果没有销路也难以获得收入，这也是阻碍渔业复兴的重要因素。

除了政府补贴，积极引导企业进入渔业领域也有助于渔业的恢复发展。事实上，已经有规划水产业特区并允许企业进入渔业领域的政策。①一直以来，渔业权会优先发放给当地的渔业从业者，目前政府也在考虑将这一特权分配给企业。虽然目前渔业整体朝着良好的方向发展，但对那些历来以渔业为生的人来说，渔业恢复到灾前水平恐怕还是很遥远的事。

此外，双重住房贷款也是灾后生活中的较大问题。所谓双重住房贷款是指灾后在偿还原有住房贷款之外又背负上新的住房贷款的情况。双重住房贷款的偿还成为人们沉重的负担，拖慢了灾后生活的重建步伐。针对这一问题，日本政府制定了相关政策，允许还款者对债务进行调整、申请减免或推迟偿还。例如，日本政府发布了《有关自然灾害受害者债务调整的意见指南》，该指南今后也将在重大自然灾害发生后发挥作用。②关于居住问题，冈田广行（2015）还指出，如果某一地区在灾

---

① 『日本経済新聞』2013 年 4 月 21 日「(社説) 水産特区を再生にいかそう」。
② 『日本経済新聞』2016 年 5 月 9 日「『二重ローン救済策』が熊本地震で初適用」。

害发生后被判定为危险地区，就不能用来新建、增建和改建房屋，人们不能重新入住，原有的地域文化就会逐渐消失。

地震灾害也使交通运输网络大范围瘫痪。铁路网络在地震灾害中被切断了。目前，有些地区修复了原有的铁道，如三陆铁道等。有些地区只能暂时利用BRT（快速公交系统）来维持交通运输，如JR气仙沼线、大船渡线等。重新铺设铁轨要花费大量时间和金钱，很多地区开设了专用公共汽车线路，利用公路交通来暂时确保交通运输网络的畅通。①

五　灾后居住问题

在东日本大地震中，许多房屋遭到破坏，完全损毁的房屋数量超过了12.1739万户。修建应急临时住宅是灾后的紧急任务。盐崎贤明（2014）和冈田广行（2015）等人的研究提到，根据《灾害救助法》规定的一般标准，灾后应急临时住宅的建设费用为238.7万日元（见表15-3）。实际上，如果算上防寒设施、上下水管道的安装和拆除费用等，费用还会更高。

盐崎贤明（2014）和冈田广行（2015）等人的研究还指出，虽然临时住宅中有空调，但是由于水管冻结，出现了地板冰冷、房屋倾斜、发霉等问题。为了解决这些问题，日本建设了许多木制临时住宅。②

---

① 三陸鉄道ホームページ；JR東日本「BRTの仕組み」。
② 『日本経済新聞』2011年5月25日「多彩な木造仮設住宅が登場」。

表15-3 东日本大地震后应急临时住宅的平均建设费用

单位：每户

地区	《灾害救助法》规定的一般标准	实际单价
岩手县	238.7万日元	约617万日元
宫城县		约730万日元
福岛县		约689万日元

资料来源：根据内閣府「5.応急仮設住宅（1）総論」制作。

另外，入住临时住宅后，地域社会中人与人的联系便会中断，人会陷入孤独状态。如果地域内的人们不能得到彼此的关怀照料，人的健康状况有可能受到损害，极端情况下还会出现"孤独死"。正如前文所述，发生这些问题的风险是非常高的。此外，生活环境发生巨变或长时间闭门不出会加快认知症的病情发展，这种情况也需要多多留意。

因为应急临时住宅的建设费用较高、建设时间较长，灾后私人住房也会被租借以作为临时住房，即由政府向个人租借房屋，再将这些房屋提供给灾民居住。但在这种情况下，入住者会被分散到全国的47个都道府县，存在行政支援无法到位的问题；在这些灾民入住全国各地的私人住宅后，由于《个人信息保护法》的存在，志愿者也很难查到他们的地址并提供支援。[①]地震后，时间流逝，在居住一段时间之后，灾民必须搬出临时住宅，但这时有人还没找到新的住处。接下来要思考的

---

① 東北ほっとプロジェクト「暖房器具支援の再開と、みなし仮設住宅の現状について」。

问题是，临时住宅建成后如何做好灾民的住房保障工作。①

日本政府会根据住宅受灾情况发放受灾证明书。受灾证明书上显示住宅的损毁情况，分为全部损毁（50%以上被损毁）、大规模损毁（40%~50%）和一般受损（20%~40%）。根据受灾证明书上登记的损毁程度，居民可以享受的公共服务、税费减免、公共金融政策不尽相同。例如，当灾民利用灾民生活重建支援制度申请补助金时，持有"全部损毁"受灾证明书的居民可以得到100万日元补贴，持有"大规模损毁"受灾证明书的居民可以得到50万日元的补贴。②

如果受灾证明书发放较迟，很多灾民就不能马上得到表15-4中列举的各项支援，所以人们希望政府能够尽快完成受灾证明书的发放工作。然而，由于人手不足或需要对房屋等进行详细的调查，受灾证明书的发放往往并不及时。这个问题在熊本地震时也依然明显存在。③另外，受灾者的实际受灾情况往往比受灾证明书上登记的等级更严重，所以修复住宅时的个人负担也是比较沉重的。

表 15-4 对受灾者的各类支援

现金给付	受灾者的灾后生活重建补贴、慈善捐款等
融资	住宅金融支援机构的专项融资、灾害救济资金等

---

① 『日本経済新聞』2015年9月11日「東日本大震災4年半、仮設住宅　解消徐々に被災者『最後まで支援して』」。
② 内閣府「被災者生活再建支援制度」。
③ 『日本経済新聞』2016年5月15日「罹災証明遅れ、暮らし再建に支障　熊本地震1カ月」。

续表

减免、展期	税、保险费、水电燃气费等
实物发放	根据《灾害救助法》建立的临时应急住宅或对住宅进行紧急维修

资料来源：根据内阁府「罹災証明書」制作。

六　今后展望

东日本大地震引发的核泄漏事件引发了人们对食品安全问题的关注。人们会避免购买来自灾区的农产品，即便是那些没有被污染的农产品。马奈木俊介（2013）的研究介绍了《原子力发电所事故发生后购买东北地区、关东北部地区食品的意愿》问卷调查，调查结果表明，近半数消费者在购买来自这些地区的大米、卷心菜等农产品或沙丁鱼等水产品时会有所介意（包括"十分介意"和"有些介意"两个选项）。这也是水产加工制品出货额还未完全恢复的原因之一。

为了增加灾后重建时期的就业岗位，政府制定了针对企业的补贴政策，例如对增加就业岗位和增加设备投资的企业进行税收减免等。① 如果这类政策能够持续实施，企业就可以提供多样的就业岗位，应聘者技能与职位不匹配的问题也许能逐步得到解决，企业也能逐渐打开产品销路。

---

① 岩手县「産業再生特区による税制優遇について」。

参考文献

岩城秀裕・是川夕・権田直・増田幹人・伊藤久仁良（2011）「〜東日本大震災によるストック毀損額の推計方法について〜」経済財政分析ディスカッション・ペーパー DP/11-01。

岩手県「産業再生特区による税制優遇について」
（http://www.pref.iwate.jp/sangyou/saiseitokku/index.html）2017年7月19日参照。

NHK オンラインホームページ
（http://www9.nhk.or.jp/nw9/marugoto/2013/12/1223.html）現在は削除。

小方尚子（2014）「消費増税が個人消費に与える影響――前回96~97年との比較」『日本総研リサーチフォーカス』No.2013-041。

岡田広行（2015）『被災弱者』岩波新書。

株式会社日立総合計画研究所「復興債」
（http://www.hitachi-hri.com/research/keyword/k79.html）2017年7月19日参照。

経済セミナー増刊（2011）『復興と希望の経済学　東日本大震災が問いかけるもの』日本評論社。

三陸鉄道ホームページ
（http://www.sanrikutetsudou.com/）2017年7月20日参照。

JR東日本「BRTの仕組み」
（http://www.jreast.co.jp/railway/train/brt/system.html）。

塩崎賢明（2014）『復興〈災害〉――阪神・淡路大震災と東日本大震災』岩波新書。

水産庁「水産加工業者における東日本大震災からの復興状況アンケート（第2回）の結果について」
（http://www.jfa.maff.go.jp/j/press/kakou/150212.html）2017年7月19日参照。

東北ほっとプロジェクト「暖房器具支援の再開と、みなし仮設住宅の現状について」
（http:/tohoku-hot-project.blogspot.jp/2013/01/blog-post_12.html）2017年7月19日参照。
内閣府「5. 応急仮設住宅（1）総論」
（http://www.bousai.go.jp/taisaku/pdf/sumai/sumai_5.pdf）2017年7月19日参照。
内閣府「被災者生活再建支援制度」
（http://www.bousai.go.jp/taisaku/seikatsusaiken/pdf/140612gaiyou.pdf）2017年7月20日参照。
内閣府「罹災証明書」
（http://www.bousai.go.jp/taisaku/hisaisyagyousei/pdf/risaisyoumeisyo_gaiyou.pdf）2017年7月20日参照。
『日本経済新聞』2011年4月9日「学校再開、給食まだ…余震で復旧遅れも 施設被災、パンと牛乳でしのぐ」。
『日本経済新聞』2011年5月25日「多彩な木造仮設住宅が登場」。
『日本経済新聞』2011年7月20日「（ゼミナール）復興への経済戦略（2）　生産の落ち込み　部品不足など供給制約が主因に」。
『日本経済新聞』2011年8月2日「（ゼミナール）復興への経済戦略（11）　被災による失職　雇用環境厳しく失業率10%台も」。
『日本経済新聞』2011年10月18日「（暮らしの復興）仮設保育所『穏やかな時を』」。
『日本経済新聞』2013年4月21日「（社説）水産特区を再生にいかそう」。
『日本経済新聞』2013年7月23日「雇用のミスマッチ、被災地で深刻　経済財政白書」。
『日本経済新聞』2015年9月11日「東日本大震災4年半、仮設住宅　解消徐々に被災者『最後まで支援して』」。
『日本経済新聞』2016年5月9日「『二重ローン救済策』が熊本地震で初適用」。
『日本経済新聞』2016年5月15日「罹災証明遅れ、暮らし再建に

支障　熊本地震1カ月」。
日本赤十字社「終わらない復興への道　あれから2年半——福島県を訪ねて（その4）」
　　(http://www.jrc.or.jp/shinsai2011/kyouiku/14/Vcms4_00004303.html) 2017年7月19日参照。
復興庁（2013）「復興財源フレームの見直しについて」
　　(http://www.reconstruction.go.jp/topics/20130207_shiryou02.pdf) 2017年7月19日参照。
復興庁（2017）「東日本大震災からの復興の状況と取組」
　　(http://www.reconstruction.go.jp/topics/main-cat7/sub-cat7-2/201701_joukyoutotorikumi.pdf) 2017年7月19日参照。
馬奈木俊介（2013）『災害の経済学』中央経済社。
みずほリサーチ（2014）『消費増税後の個人消費動向——賃上げ・ボーナス増が消費回復の原動力に』みずほ総合研究所。

第十六章
残疾人福利政策

日本的残疾人数量目前约占总人口的5%。随着人口老龄化的加剧，残疾人的数量也在逐渐增加。人口老龄化不仅带来了护理问题，也会带来一些与残疾相关的问题。当然，残疾并不只是发生在老年人身上，很多年轻人也身患残疾。本章将就日本的残疾人现状进行说明。

一 有关残疾人的定义

根据厚生劳动省的资料，《残疾人自立支援法》所使用的残疾人定义（如肢体残疾、智力残疾、精神残疾等）是由不同的专门法律进行规定的。例如，《有关精神保健和精神残疾者福利的法律》第5条对精神残疾者的定义是："本法的精神残疾者是指患有精神分裂症、精神活性物质急性中毒或依赖、智力残疾以及患有其他导致精神病变的精神疾病的人。"①《残疾人基本法》规定:"本法的残疾人是指因为肢体残疾、智力残疾或精神残疾,日常生活或社会生活严重受限的人。"佐藤久夫、小泽温(2013)也提及了联合国《残疾人权利宣言》,宣言中对"残疾人"进行了如下定义:"'残疾人'一词的意义是指,任何由于先天性或非先天性的身心缺陷而不能保证自己可以取得正常的个人生活和(或)社会生活上一切或部分必需品的人。"如上所述,不同的法律对残疾人的定义是多种多样的。

图 16-1 显示了日本的残疾人情况。肢体残疾人是存在视力障碍、听力障碍、肢体功能障碍或者因肾脏等内脏机能受损而体内出现障碍的人。②在肢体残疾人中,65 岁及以上的老人占近七成。不难看出,随着人口老龄化的加剧,肢体残

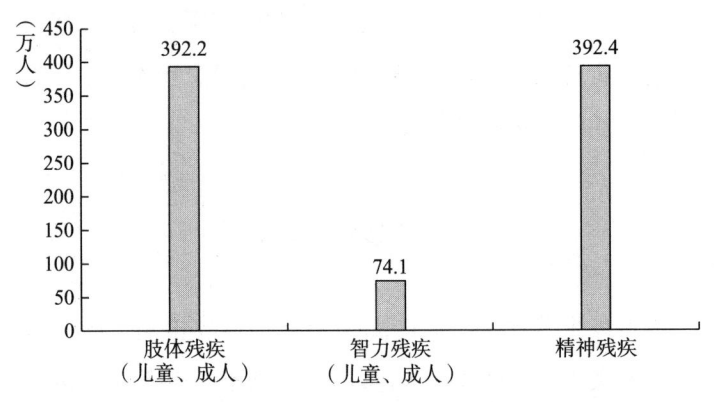

图 16-1 日本残疾人情况

肢体残疾(儿童、成人):392.2 万人
智力残疾(儿童、成人):74.1 万人
精神残疾:392.4 万人

资料来源:根据厚生劳働省「平成 29 年版障害者白書」制作。

---

① 厚生労働省「障害者の範囲」。
② 厚生労働省「身体障害者手帳制度の概要」。

疾人的老龄化也在加快。文部科学省对智力残疾的定义是："记忆、推理、判断等智力机能发育显著迟缓导致的难以适应社会生活的状态。"①

精神分裂症是精神残疾的主要类型，病人会出现幻觉、妄想等症状。艺人豪斯·加贺谷在其著作中对这一疾病进行了详细描述。②

二 残疾人的就业情况

日本的残疾人就业数量逐年上升。日本制定了雇佣率制度（见表16-1），即达到一定规模的企业和自治体有义务雇用一定比重的残疾人。

虽然残疾人的就业人数不断增长（见图16-2），但是私营企业的实际雇佣率只有1.92%，2017年达到法定雇佣率的企业仅占48.8%。而公共机构的残疾人雇佣率超过了法定雇佣率。在计算残疾人雇佣率时，将短期临时劳动者按照0.5人计算，将重度残疾劳动者按照2人计算。此外，政府还制定了有关残疾人雇佣的金钱激励政策。

---

① 文部科学省「特別支援教育について」。
② 厚生労働省「知ることからはじめよう みんなのメンタルヘルス 統合失調症」。

图 16-2　日本残疾人的就业情况

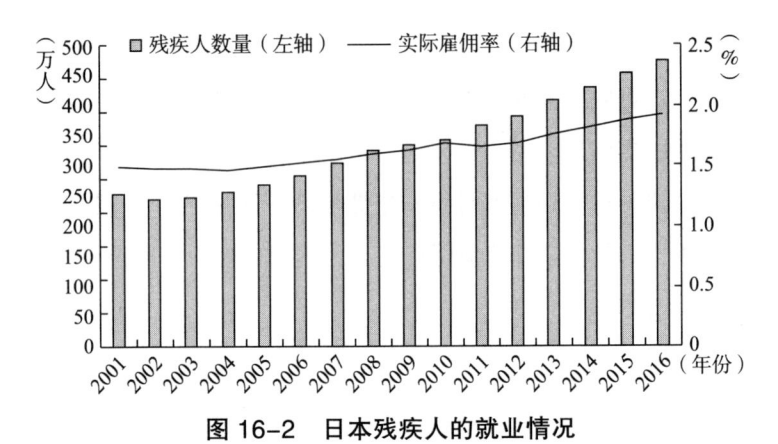

资料来源：根据厚生劳働省「平成 28 年障害者雇用状况の集計結果」制作。

表 16-1　法定雇佣率

私营企业	2.3%（目前为 2.2%，3 年前为 2.3%）
特殊法人等	2.6%（目前为 2.5%，3 年前为 2.6%）
国家或地方公共团体	2.6%（暂时为 2.5%，3 年前为 2.6%）
都道府县等的教育委员会	2.5%（暂时为 2.4%，3 年前为 2.5%）

注：均为 2018 年 4 月 1 日以后数据。
资料来源：根据厚生劳働省「障害者雇用率制度」制作。

残疾人雇佣纳付金制度就是金钱激励政策的一种。根据该制度，残疾人雇佣率未达到法定标准的企业，未达标的部分需按照每人每月 5 万日元的标准向政府交纳罚金；达到法定雇佣率的企业，超出部分可按照每人每月 2.7 万日元标准获得政府补助。中岛隆信（2011）认为虽然这种金钱激励政策能够对残疾人的就业产生一定的促进作用，但补助金的支付也加重了财

第十六章 残疾人福利政策

政的负担。

在计算实际的残疾人雇佣率时,有些公司将(增进残疾人就业的)特例子公司与母公司合并计算,有些公司甚至将业务往来公司与母公司合并计算。伊藤修毅(2013)提到,许多企业利用这样的方法计算实际雇佣率,从而达到法定雇佣率(见图16-3)。

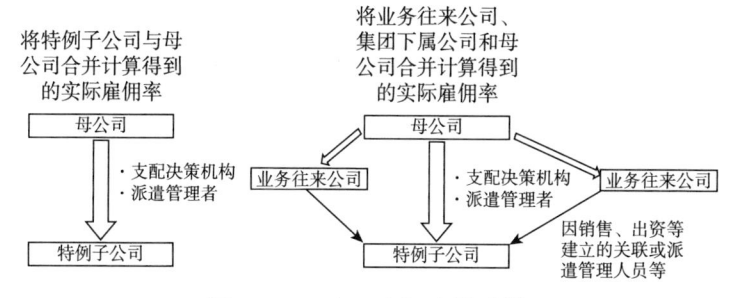

图16-3 实际雇佣率的计算

资料来源:根据厚生労働省「『特例子会社』制度の概要」制作。

自2018年4月起,法定残疾人雇佣率开始将此前未算在内的精神残疾人也计入其中。[①]在此之前,企业和自治体并没有雇用精神残疾人的义务。《残疾人白皮书》显示了不同年龄群体的残疾人就业率,精神残疾人的就业率尤其低(见图16-4),此前的雇佣义务中没有包含精神残疾人可能是原因之一。但豪斯·加贺谷、松本·基克(2013)认为,人们对精神残疾人的偏见和差别对待也导致了他们的就业困难。

在就业问题上遭遇差别对待的不只是精神残疾人,这个问

[①] 厚生労働省「障害者の雇用の促進等に関する法律の一部を改正する法律の概要」。

题妨碍了全体残疾人的就业。内阁府列举了一些实例。例如，当员工视力下降时，公司拒绝员工提出的岗位调整申请，要求其继续从事原来的工作，最终导致员工辞职；又如，有些企业在录用残疾人之后，很快便以"担心引起恐慌"为由将其辞退。[①]

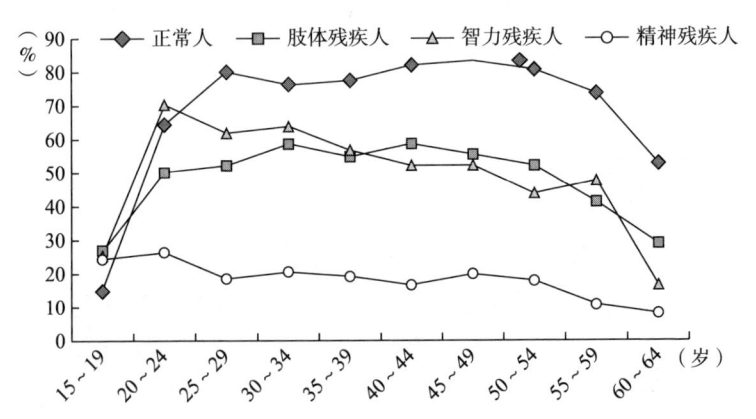

图 16-4 不同年龄段的残疾人与非残疾人就业率

资料来源：根据厚生労働省「平成 29 年版障害者白書」制作。

政府禁止企业以员工残疾为由进行差别对待。残疾人工作时，企业有义务为他们提供合理的照顾和帮助。例如，如果雇用了使用轮椅的残疾人，企业应当参照轮椅的高度调整办公桌的高度。

三 残疾人的受教育情况

文部科学省公布的资料中指出："因为残疾而难以在正常

[①] 内閣府「障害者に対する障害を理由とする差別事例等の調査」。

班级接受教育、充分培养能力的儿童,可以根据儿童本人的残疾类别和程度,在特别的关怀照料下,通过特别支援学校①、中小学特别支援班级②或'融合教育'(通级指导)③接受合适的教育。"也就是说,日本政府早已明确了残疾儿童也要通过特别支援学校等接受教育的宗旨。

在义务教育阶段,在特别支援学校、中小学特别支援班级接受教育以及接受融合教育的学生约占总数的2.7%(2011年数据)。但文部科学省的数据显示,由于患有学习障碍症(LD)、注意缺陷多动障碍(ADHD)等原因需要特殊教育支持的学生实际约占总数的6.5%。④ 如图16-5所示,特别支援学校的数量正在不断增加。

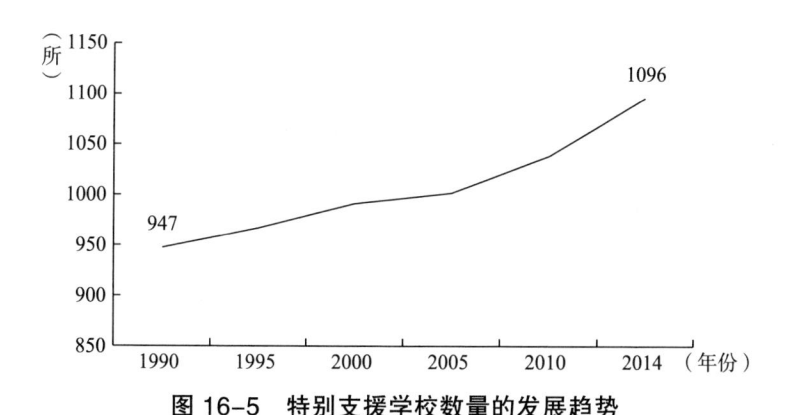

图16-5　特别支援学校数量的发展趋势

资料来源:根据文部科学省「特別支援教育資料(平成26年度)」制作。

---

① 平成18年以前分别称为盲人学校、聋哑人学校和养护学校。——译者注
② 平成18年以前称为"特殊班级"。——译者注
③ 指残疾学生在普通的学校上学,一边学习普通班级的课程,一边接受与残疾情况相对应的特别指导,参见文部科学省「特別支援教育」。
④ 学习障碍症指某项能力存在显著缺陷。注意缺陷多动障碍指与成长发育阶段不相符的注意力不集中、冲动或多动症状,参见文部科学省「特別支援教育」。

普通小学生每人每年的学校教育费用为91.2万日元，普通中学生每人每年的学校教育费用为105.4万日元，而特别支援学校的学生每人每年需要教育费用726.4万日元。如图16-6所示，残疾学生从特别支援学校的高中部毕业以后，进入福利机构的情况最多，其次才是就职，升学的人只有2%。

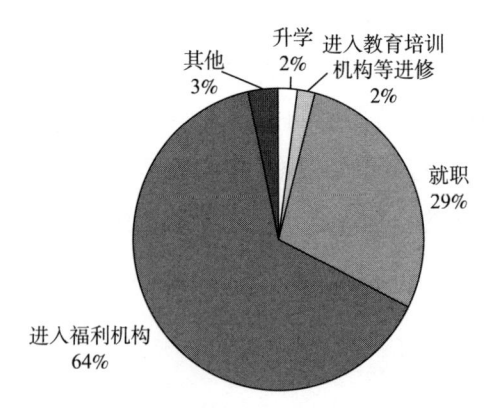

图 16-6　特别支援学校高中生毕业后的去向

注：总人数为19576人。

资料来源：根据文部科学省「特別支援教育資料（平成26年度）」制作。

四　残疾人应有的工作状态

一家名为"日本理化学工业"的生产粉笔的公司正在积极地雇用残疾人。[①]有智力障碍的员工难以通过看表来计算时间，也很难按照刻度精准地往量杯里加入材料。针对上述情况，该公司改用沙漏进行计时，还制作了各种不需要刻度的量杯，消

---

① 日本理化学工業「障害者雇用の取り組みについて」。

除了智力残疾员工的工作障碍，使他们能够顺利工作。

此外，黑猫宅急便的创始人小仓昌男也十分关注社会福利问题。为了帮助残疾人实现生活自立，他认为有必要建立能够盈利以保障残疾人收入水平的机制。当发现了可以烘焙成美味面包的冷冻面团后，小仓昌男创立了天鹅面包坊，实现了对残疾员工的雇用。[①]

以上两个案例说明，做出一些努力后，社会可以为残疾人提供工作岗位。在今后的少子老龄化社会中，除了有效调动女性和老年人劳动力来补充劳动力缺口，还应在工作岗位上花一些心思，积极而有效地调动残疾人劳动力。

参考文献

伊藤修毅（2013）『障害者の就労と福祉的支援』かもがわ出版。
厚生労働省「知ることからはじめよう　みんなのメンタルヘルス　統合失調症」
　（http://www.mhlw.go.jp/kokoro/speciality/detail_into.html）2017 年 7 月 24 日参照。
厚生労働省「障害者雇用率制度」
　（http://www.mhlw.go.jp/bunya/koyou/shougaisha/04.html）2017 年 7 月 24 日参照。
厚生労働省「障害者の雇用の促進等に関する法律の一部を改正する法律の概要」
　（http://www.mhlw.go.jp/file/06-Seisakujouhou-11600000-Shokugyouanteikyoku/000121387.pdf）2017 年 7 月 24 日参照。
厚生労働省「障害者の範囲」

---

① スワンベーカリー「会社概要」。

(http://www.mhlw.go.jp/shingi/2008/10/dl/s1031-10d.pdf) 2017 年 7 月 24 日参照。

厚生労働省「身体障害者手帳制度の概要」
(http://www.mhlw.go.jp/bunya/shougaihoken/shougaishatechou/dl/gaiyou.pdf) 2017 年 7 月 24 日参照。

厚生労働省「『特例子会社』制度の概要」
(http://www.mhlw.go.jp/bunya/koyou/shougaisha/dl/07.pdf) 2017 年 7 月 24 日参照。

厚生労働省「平成 28 年障害者雇用状況の集計結果」
(http://www.mhlw.go.jp/file/04-Houdouhappyou-11704000-Shokugyouanteikyokukoureishougaikoyoutaisakubu-shougaishakoyoutaisakuka/0000146180.pdf) 2017 年 7 月 24 日参照。

厚生労働省「平成 29 年版障害者白書」
(http://www8.cao.go.jp/shougai/whitepaper/h29hakusho/zenbun/index-pdf.html) 2017 年 7 月 24 日参照。

佐藤久夫・小澤温 (2013)『障害者福祉の世界　第 4 版補訂版』有斐閣。

スワンベーカリー「会社概要」
(http://www.swanbakery.co.jp/corporate/) 2017 年 7 月 24 日参照。

内閣府「障害者に対する障害を理由とする差別事例等の調査」
(http://www8.cao.go.jp/shougai/suishin/kaikaku/s_kaigi/b_9/pdf/ref2.pdf) 2017 年 7 月 24 日参照。

中島隆信 (2011)『障害者の経済学　増補改訂版』東洋経済新報社。

日本理化学工業「障害者雇用の取り組みについて」
(http://www.rikagaku.co.jp/handicapped/) 2017 年 7 月 24 日参照。

ハウス　加賀谷・松本　キック (2013)『統合失調症がやってきた』イースト・プレス。

文部科学省「特別支援教育」

(http://www.mext.go.jp/a_menu/shotou/tokubetu/main/_icsFiles/afieldfile/2015/10/06/1243505_001.pdf) 2017 年 7 月 24 日参照。

文部科学省「特別支援教育資料（平成26年度)」

(http://www.mext.go.jp/a_menu/shotou/tokubetu/material/1358539.htm) 2017 年 7 月 24 日参照。

文部科学省「特別支援教育について」

(http://www.mext.go.jp/a_menu/shotou/tokubetu/004/003.htm) 2017 年 7 月 24 日参照。

第十七章
教育经济学

在日本，升入大学的学生人数逐年增加，大学的入学率已经达到了50%。日本已经进入2个人中就有1个人升入大学的阶段。[①] 在这种情况下，大学学费负担过重的问题困扰了很多家庭，迫于经济压力而放弃升学也是造成学历差距的重要原因。本章将对日本的公共教育支出情况和教育的经济影响进行说明。

一 学费负担情况

OECD的数据显示，对于小学和中学教育阶段，日本政府的公共支出水平与OECD成员国的平均水平相当。但是，对于高等教育阶段，日本政府的公共支出水平远远低于OECD国家的平

---

① 文部科学省「平成28年度学校基本調査（確定値）の公表について」。

均水平（见图 17-1）。① 由此可知，在日本，小学和中学阶段的教育费用大多由政府承担，高等教育阶段的教育费用主要由家庭负担。与高等教育一样，在学前教育阶段，家庭也要负担很大比重的教育费用。从家庭负担的教育费用占教育费用的比重来看，与 OECD 国家的平均两成相比，日本的家庭要负担约五成。②

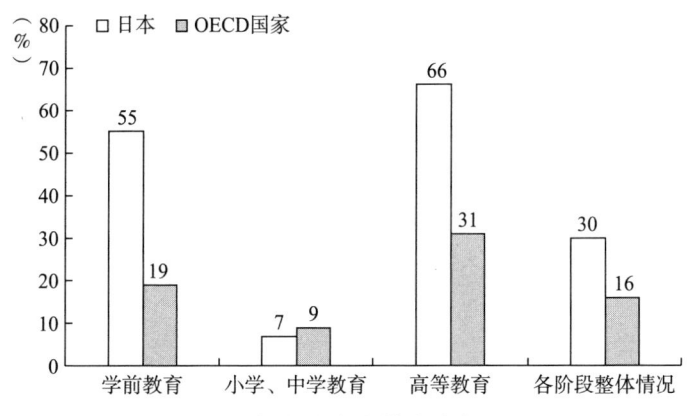

图 17-1　教育支出中的家庭负担比重

注：2011 年数据。

资料来源：根据 OECD "Education at a Glance 2014" 制作。

日本国立和公立大学每年的学费平均为 60 万日元，这是一个相对较高的学费标准。日本的学生支援制度并不完善，目前能够获得政府助学贷款或奖学金的大学生只有 40%。而在同样学费高昂的英国，政府制定了比较完备的学生支援制度。英国大学生中有 71% 的人可以通过助学贷款筹措到学费（4980 美元）和生活费。毕业后，他们会用工作收入的一部分来偿还

---

① OECD（2014）「図表で見る教育 2014 年版」。
② OECD（2006）。

贷款，偿还标准是根据收入水平而定的。[①]

日本学生支援机构发放的奖学金[②]得到了广泛利用，近年来领取奖学金的大学生不断增加（见图 17-2）。原因在于日

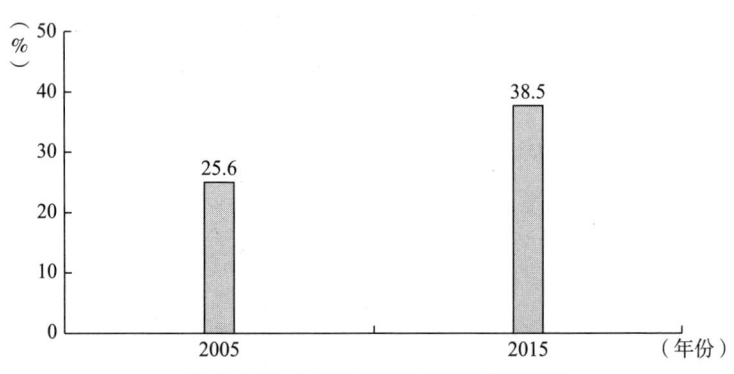

（1）大学、短期大学学生的贷款人数比重

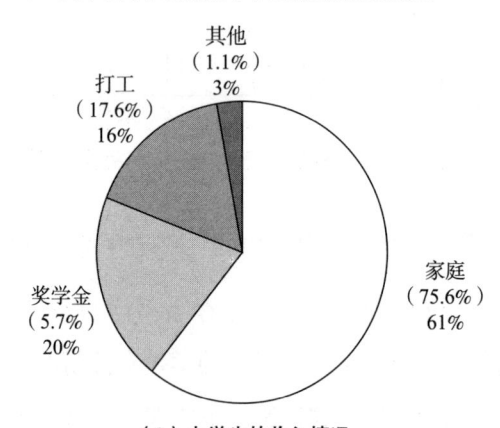

（2）大学生的收入情况

图 17-2　日本大学生的奖学金领取情况

注：下图括号内数字为 1996 年情况。
资料来源：根据日本学生支援机构「日本学生支援機構について」制作。

---

① 有关英国的收入联动型助学贷款，参见小林雅之（2010）。
② 日本的奖学金大多为贷给型奖学金，学生在毕业后需要偿还。这类奖学金又分为有利息和无利息两类。——译者注

本的收入长期处于较低水平，大学生不得不利用奖学金。1996年，日本大学毕业生的平均年收入为206.6万日元；而2014年，大学毕业生的平均年收入仅为197.106万日元。橘木俊诏（2012）指出，大学学费呈现逐年增加的趋势，给日本家庭带来了持续的经济负担。这也是大学生不得不申请奖学金的原因之一。

二 教育的经济影响

对于教育给经济带来的影响，本节将基于人力资本来进行说明。一种观点认为，接受教育以后，个人的能力提高，个人的劳动生产率也会提高。另有观点提出了教育的选拔功能。第二种观点认为，大学毕业生工资水平高于高中毕业生的原因并不在于受教育水平。能够进入大学学习的人本身就具备更高的能力，实质上是能力更高的人获得了更高的工资。

畑农锐矢、林正义、吉田浩（2015）的研究指出，接受初等教育可以提高个人的劳动生产率。但有关高等教育能否提高个人劳动生产率，部分研究仍持怀疑态度。

在日本，接受过高等教育的劳动者中，女性的平均工资仅为男性的48%（见图17-3）。这一比重在所有有统计记录的国家中处于最低水平。[1]

---

[1] OECD（2014）「図表で見る教育2014年版」。

图 17-3　不同学历者的工资水平

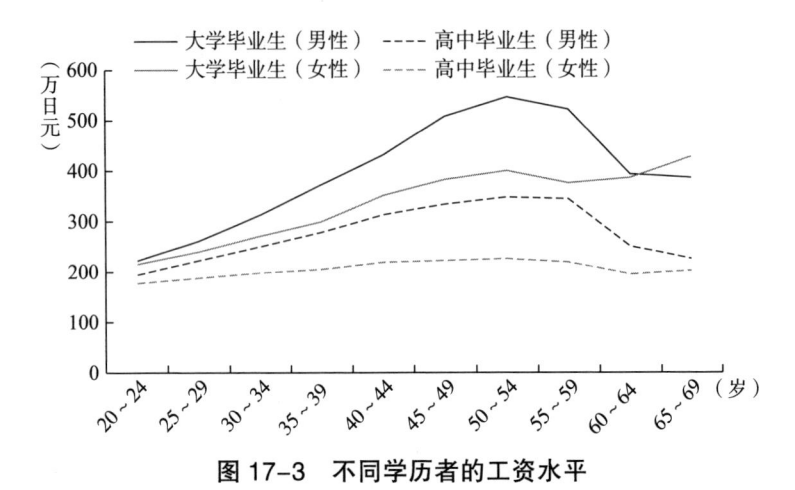

资料来源：根据厚生劳働省「平成 27 年賃金構造基本統計調査の概況」制作。

日本政府对各教育阶段都提供了相应的补助。在义务教育阶段，政府向国民提供免费教育；在高中阶段，政府提供"高等学校等就学支援金"等补助；在大学阶段，政府提供"国立大学法人等运营费交付金"，为私立大学发放经常费补助金，通过地方交付税交付金①对公立大学进行补助。例如，在 2017 年的政府预算中，"国立大学法人等运营费交付金"为 10970 亿日元，"私立大学等经常费补助金"为 3153 亿日元。②虽然数据有些陈旧，但 2008 年用于补助公立大学的地方交付税总额也有 499 亿日元之多。③

---

① 交付税制度是日本税收制度中以调控地方经济为目标的财政管理方式。交付金是各级财政交付的一定比重的税额，作为平衡地方财政的预算基金使用，由中央统一管理。——译者注
② 文部科学省「平成 29 年度文部科学関係予算（案）のポイント」；文部科学省「平成 29 年度私学助成関係予算（案）の概要」。
③ 文部科学省「公立大学の財政」。

第十七章 教育经济学

政府对各教育阶段进行补助，的确可以减轻家庭的教育负担。那么，政府为何要参与教育支出呢？减轻家庭负担的理由又是什么呢？可以从外部性与公平性两个方面找到答案。

其一，外部性。接受教育不仅使个人获益，当社会全体成员都在一定程度上能够读写、掌握计算能力、可以使用电脑发送电子邮件、能够用英语进行流畅沟通时，工作效率也会更高。

其二，公平性。父母的收入水平极大地影响了家庭对子女的教育投资。当家庭难以筹措到教育费用时，子女接受教育的机会就会变少。有限的教育机会将导致子女的教育水平低下，他们在将来不得不从事低收入的工作，收入差距便由此产生。基于以上原因，为了防止教育机会不公平造成的收入差距，致力于减轻家庭经济负担的教育政策得到了普遍认可。

这里所谈的公平性强调机会平等。机会平等是指孩子们能够站在相同的起跑线上，获得同等的机会。富裕家庭的子女可以进入大学，贫困家庭的子女往往出于经济原因上不了大学。政府增加对教育的投入和补助，进入大学可以不再受家庭经济状况的限制。不需要考虑经济情况，谁都可以获得进入大学的机会，教育差距也就随之缩小了。除此之外，政府也会通过提高再分配标准增加对贫困家庭的社会保障给付。但这类政策和教育政策不同，是在调整已经产生的收入差距，实际上是在强调结果平等。

那么，政府通过补贴实现机会平等的政策真的能够消除教育差距吗？学生要想进入理想的大学就必须参加入学考试，为了备考学生往往需要参加校外辅导，这部分教育差距是很难消除的。并且,孩子们接受的教育内容也可能受到居住区域的影响。观察预备学校①的数量和质量可知,偏远地区的私立学校、校外辅导等与大都市圈存在巨大的差距。子女的受教育情况也会受到父母收入水平和教育理念的极大影响。可见,要想消除教育差距,仅仅实现教育机会平等是不够的,还必须重视为实现结果平等的再分配政策。

增田(2009)指出,教育以外的很多因素也会影响学生的学习能力。秋田县在全国学力测试中获得了很好的成绩,原因除了推行小班教学之外,还包括家庭之间贫富差距较小、家庭环境较为稳定等。②大阪府在全国学力测试中的成绩不甚理想,原因可能包括家庭环境不稳定、生活习惯欠佳等,应该也与当地的儿童贫困问题有关。防止学习能力下降的一个重要方法便是养成良好的学习习惯。然而,秋田县的大学升学率低于全国的平均水平,这应该与家庭收入水平、父母的教育理念以及与大城市迥异的竞争环境等诸多因素有关。

三 教育收益率

本节基于小盐隆士(2003)的研究对教育收益率的计算进

---

① 日本的预备学校指为备考考生提供应试辅导的学校。——译者注
② 但增田的数据也显示,并不是班级人数越少,班上学生的成绩就会越好。全国学力调查(全国学力测试)是对小学 6 年级和中学 3 年级学生的国语、算数或数学等学科和生活习惯等进行的调查,详情参见文部科学省「全国的な学力调查(全国学力・学习状况调查等)」。此外,国际上常用的学习能力调查还包括 OECD 开展的 PISA,详情参见国立教育政策研究所「OECD 生徒の学習到達度調査(PISA)」。

行说明。要想计算教育的收益率，首先需要确定接受大学教育所需的费用和接受大学教育而获得的收益。

其一，接受大学教育所需的费用：

大学学费＋高中毕业后如果工作所能获得的工资（机会成本）

其二，接受大学教育而获得的收益：

大学毕业后工作的工资总和－高中毕业后工作的工资总和

得到上面两个数值之后，再用收益的净现值除以费用的现值，就能够得到收益率了。[①]小盐隆士还提到，根据日本原经济企划厅的推算，生于1935年的男性和生于1950年的男性的教育收益率分别为11.1%和9.0%。但是，也有教育经济学学者经过分析得到了6%的结果。另外，大学的入学难度越大，教育收益率就越高。高等专科学校、短期大学与高中毕业生和大学毕业生之间的收益差距正在不断扩大。

那么在现实生活中，人们是在考虑收益率之后再选择接受教育的吗？如果考虑教育投资的收益率，就会在支出教育费用时计算一下预期收益。然而，教育费用是由父母支出的，教育的收益是子女们获得的，很难将其作为投资来思考。也就是说，只考虑收益率来决定是否接受教育这一逻辑是不完全成立的。家庭在教育费用支出上还存在一些利他的动机。例如，父母在子女获得高学历时会比较开心，子女们获得高学历以后生

---

① 计算时，需要把将来的金额折算为现值之后再进行评价。例如，当年利率是2%，1年后的1万日元换算到现在就是9804日元左右。

活就不会很辛苦等。

对于教育投资带来的不确定性成果，人们会在什么时候停止接受教育呢？小盐隆士和安冈匡也的研究表明，在接受教育之后，随着个人能力的提高和显露，教育投资成果的不确定性会越来越小。（Oshio T. and Yasuoka M., 2009）这时人们会做出不同的选择，有的人继续接受教育，有的人会停止接受教育。这就是教育的"自动冷却"功能。

四　教育券制度

政府对教育事业的投入既可以直接发放给教育的供给方，也可以通过教育券（学券）制度，将教育券发放给教育的需求方，由其自由选择理想的教育机构（学校），得到这些教育券的教育机构也就获得了政府的补助。这样一来，提供教育服务的机构会竞相提高教育水平，机构之间形成良性竞争，全社会也就可以提供更优质、高效的教育服务。如何更加有效地利用公共财政支出，也应该成为今后各界探讨的议题。

参考文献

OECD(2006)『世界の教育改革 2　OECD 教育政策分析 (Education Policy Analysis)』明石書店。

OECD "Education at a Glance 2014" (https://www.oecd.org/edu/Education-at-a-Glance-2014.pdf) 2017 年 7 月 20 日参照。

OECD(2014)「図表で見る教育2014年版」
　(https://www.oecd.org/edu/Japan-EAG2014-Country-Note-japanese.pdf)2017年7月20日参照。
Oshio T. and Yasuoka M. (2009) "How Long should We Stay in Education If Ability Is Screened?" *Metroeconomica*, vol. 60-3, pp. 409-431.
小塩隆士 (2003)『教育を経済学で考える』日本評論社。
国立教育政策研究所「OECD 生徒の学習到達度調査（PISA）」
　(http://www.nier.go.jp/kokusai/pisa/)2017 年 7 月 21 日参照。
厚生労働省「平成 27 年賃金構造基本統計調査の概況」
　(http://www.mhlw.go.jp/toukei/itiran/roudou/chingin/kouzou/z2015/dl/13.pdf)2017 年 7 月 20 日参照。
小林雅之（2010）「新しい学生支援制度の提唱　各国の授業料・奨学金制度改革」アルカディア学報 No. 401 日本私立大学協会。
橘木俊詔（2012）『日本の教育格差』岩波新書。
独立行政法人日本学生支援機構「日本学生支援機構について」
　(http://www.jasso.go.jp/about/ir/minkari/-icsFiles/afieldfile/2017/03/14/29minkari_ir.pdf) 2017 年 7 月 20 日参照。
畑農鋭矢・林正義・吉田浩（2015）『財政学をつかむ　新版』有斐閣。
増田ユリヤ（2009）『新しい「教育格差」』講談社現代新書。
文部科学省「公立大学の財政」
　(http://www.mext.go.jp/a_menu/koutou/kouritsu/detail/1284531.htm) 2017 年 7 月 20 日参照。
文部科学省「全国的な学力調査（全国学力・学習状況調査等）」
　(http://www.mext.go.jp/a_menu/shotou/gakuryoku-chousa/zenkoku/1344101.htm) 2017 年 7 月 20 日参照。
文部科学省「平成 28 年度学校基本調査（確定値）の公表について」
　(http://www.mext.go.jp/component/b_menu/other/__icsFiles/afieldfile/2016/12/22/1375035_1.pdf) 2017 年 7 月 24 日参照。

文部科学省「平成29年度私学助成関係予算（案）の概要」（http://www.mext.go.jp/component/b_menu/other/__icsFiles/afieldfile/2017/01/12/1381133_02_1.pdf）2017年7月20日参照。

文部科学省「平成29年度文部科学関係予算（案）のポイント」（http://www.mext.go.jp/component/b_menu/other/__icFiles/afieldfile/2017/01/12/1381131_01_1.pdf）2017年7月20日参照。

第十八章
社会保障的经济学分析

本章将讨论产业关联分析和投票表决制度。无论社会保障是以现金形式发放还是以实物形式发放,都会影响到社会总需求,进而影响宏观经济变量。同时,本章也会探讨制度改革时经常采用的多数表决机制。

一 产业关联分析

通过投入产出表,可以掌握一定时期内一国产业间的商品和服务流通情况。商品和服务是各产业利用中间产品创造出来的。也就是说,消费者购买的商品和服务是在各产业间的交易中创造出来的(见图18-1)。这种产业间的交易在投入产出表中得到呈现。

产业关联分析是指在投入产出表中确定各产业的投入系数,并利用其预测经济形势的分析方法。比如,在最终需求增加时，可以通过这种分析方法来计算各产业的产出增加情况，从而预测经济波及效果。经济波及效果既包括直接波及效果也包括间接波及效果。

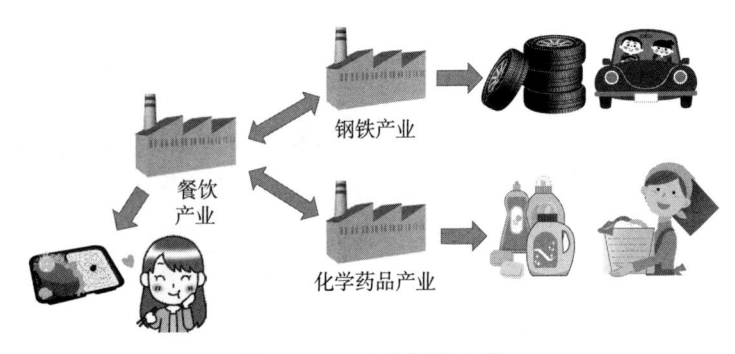

图 18-1　产业间的交易

直接波及效果是指某产业因最终需求增加而拉动的生产。随着该产业生产的增加，其所需原材料的购买量也会增加，进而促进其他产业的生产活动。

不仅如此，生产的增加也会带动劳动者收入的增加，收入增加所带来的消费增加会进一步促进生产。这一作用机制就是间接波及效果。直接波及效果与间接波及效果之和为总波及效果。

与其他主要产业相比，社会保障领域（尤其是护理行业）的雇佣诱发系数是非常高的。雇佣诱发系数指某一产业扩大生产时随之增加的就业量。在护理行业，每100万日元生产的雇佣诱发系数为0.24786。[1]

---

[1] 厚生労働省「社会保障と経済について　平成17年4月14日」。

观察表18-1,从横向来看,可以知道商品或服务的购买情况。例如,假设产业1的产出额为100个单位,其中有10个单位作为中间需求被产业1购买,24个单位作为中间需求被产业2购买,60个单位作为最终需求被消费者购买,6个单位作为最终需求被投资购买。

从纵向来看,可以知道一个产业在生产活动中消耗的商品或服务。例如,假设产业1的总成本即投入额为100个单位,其中10个单位用于购买产业1的中间产品,有20个单位用于购买产业2的中间产品,有40个单位作为报酬支付给劳动者,其余30个单位为利润。产业1的总产出和总投入相等,都是100个单位。

表18-1 投入产出表

投入	产出	中间需求		最终需求		总产出
		产业1	产业2	消费	投资	
中间投入	产业1	10	24	60	6	100
	产业2	20	48	6	46	120
增加值	利润	30	12			
	劳动者报酬	40	36			
总投入		100	120			

注:纵向反映了一个产业在生产活动中消耗的各产品部门的商品或服务,横向反映了商品或服务的购买情况。最终需求总额(60+6+6+46)=增加值总额(30+12+40+36)=国内生产总值。

那么，当最终需求增加时，各产业的生产量将增加多少呢？接下来对这个求解过程进行说明。

①求1个单位投入额所需要的中间投入。计算总投入中中间投入和增加值的比重。以产业1为例，从上至下可以分别求得数值0.1（10/100）、0.2（20/100）、0.3（30/100）和0.4（40/100）。

②将产业1和产业2的总投入分别设为 X 和 Y，将产业1和产业2的最终需求分别设为 A 和 B。

表18-2显示了总投入为1时的中间投入和增加值。当产业1的总投入为 X 倍时，中间投入和增加值也随之变化 X 倍，此时的最终需求 A 也会发生变化。产业2的各项变化同理。

表18-2 总投入与最终需求的关系

投入	产出	中间需求	
		产业1	产业2
中间投入	产业1	0.1	0.2
	产业2	0.2	0.4
增加值	利润	0.3	0.1
	劳动者报酬	0.4	0.3
总投入		1	1

③构建联立方程式，求总产出和最终需求之间的关系（见表18-3）。

从横向来看，中间需求 + 最终需求 = 总产出：

$$0.1X+0.2Y+A=X \to 0.9X-0.2Y=A \quad (18\text{-}1)$$

$$0.2X+0.4Y+B=Y \to 0.2X-0.6Y=-B \quad (18\text{-}2)$$

可求得 $X=1.2A+0.4B$，$Y=0.4A+1.8B$

所以，当 A 增加 1 个单位时，X 增加 1.2 个单位，Y 增加 0.4 个单位。当 B 增加 1 个单位时，X 增加 0.4 个单位，Y 增加 1.8 个单位。于是，当 A 增加 $\triangle A$、B 增加 $\triangle B$ 时，X 将增加 $\triangle X$，Y 将增加 $\triangle Y$。

$$\triangle X=1.2\triangle A+0.4\triangle B$$
$$\triangle Y=0.4\triangle A+1.8\triangle B \quad (18\text{-}3)$$

根据这个公式便可知道最终需求增加时各产业的总产出会增加多少。如果已知总产出和就业岗位之间的关系，就可以通过最终需求的增加量来算出就业岗位的增加情况。

表 18-3 产业关联分析

投入	产出	中间需求		最终需求		总产出
		产业1	产业2	消费	投资	
中间投入	产业1	$0.1X$	$0.2Y$	A		X
	产业2	$0.2X$	$0.4Y$	B		Y
增加值	利润	$0.3X$	$0.1Y$			
	劳动者报酬	$0.4X$	$0.3Y$			
总投入		X	Y			

在此介绍一些运用产业关联分析方法研究护理问题的成果。

根据大守隆、田坂治、宇野裕、一濑智弘（1998）的研究，由于护理保险制度发挥的风险池作用，日本的实际国内生产总值增加了1.3%。该研究认为护理保险制度有以下两个主要影响。

①护理保险制度减轻了利用护理服务时的个人负担，国民不再认为有必要进行预防性储蓄，这可以使消费增加。预防性储蓄指用于应对未来可能发生的风险的储蓄。

②护理保险制度增加了国民的纳税负担，减少了家庭可支配收入，消费也会随之减少。

浦田仁（2013）指出，护理产业对其他产业生产的促进作用不大，受其他产业的影响也比较小。伊藤和彦、高桥克秀（2000）认为，虽然建设特别养护老人之家等设施带来的直接波及效果较大，但如果将其产生的间接波及效果也计算在内，最终结果基本上等同于建设护理机构或补贴居家护理。安冈匡也（2017）利用阪神地区的投入产出表，指出护理保险制度减轻了国民的个人负担，在增加最终需求的同时，也促进了就业。

二 45度线模型和乘数效应

通过前文的产业关联分析可以知道，用于建设护理设施等的公共投资会影响各产业的产出，进而影响就业。发展公共事业可以促进就业、增加劳动者收入、增加消费，最终可以提高国内生产总值。这就是经济学中所说的乘数效应。本节将利用45度线模型来解释公共事业的乘数效应。

国内生产总值由以下几个部分构成：

$$Y（国内生产总值）=C（①消费）+I（②投资）$$
$$+G（③政府购买）+NX（净出口） \qquad (18\text{-}4)$$

为了简化计算，此处省略式（18-4）中的 NX。由于消费对收入的依存，假设 $C=cY+\overline{C}$。c 为边际消费倾向，表示收入增加时消费的增加程度，数值为 0~1。$\overline{C}$ 为自发消费（基础消费），与收入无关，指维持最低生活水平所需要的消费。I 为私人部门（私营企业）的设备投资等，假设其为定值。此时的国内生产总值为：

$$Y = cY + \overline{C} + I + G \rightarrow (1-c)Y = \overline{C} + I + G \rightarrow Y = \frac{\overline{C}+I+G}{1-c}$$
$$(18\text{-}5)$$

当 $c=0.8$，$I=0$、$G=0$、$\overline{C}=50$ 时，$Y=50/0.2=250$。假设因为兴建护理机构，G 从 0 增加到 50，那么 $Y=(50+50)/0.2=500$，国内生产总值就增加了 250。也就是说，当公共投资增加 50 时，消费会增加 200，国内生产总值会增加 250。这说明公共投资带来了新的消费。

三　贷款和利率

若社会保障制度相对完备，人们会减少用于应对将来不测事态的预防性储蓄。宏观经济学认为，通过分析信贷市场，可以明晰为何此时利率增加、投资减少（见图 18-2）。

图 18-2 的供给曲线表明，利率越高，储蓄行为越多，这

与现实情况是吻合的。因为利息越高，人们就越希望通过存钱来获得利息收入。

图18-2的需求曲线表明，利率越低，投资行为越多。因为借钱的成本越低，人们就越会借更多的钱来进行投资，这一点也与现实情况相吻合。

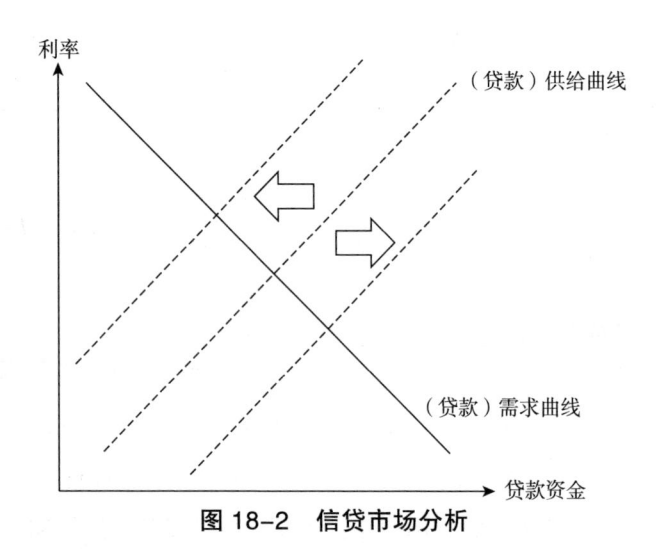

图 18-2　信贷市场分析

当预防性储蓄减少导致储蓄总量减少时，贷款供给曲线就会向左移动。此时利率上升，贷款总量减少，投资也会减少。可以推测这一变化会给收入带来影响。例如，未来的生产设备会减少，劳动生产率会降低，劳动者的工资会下降等。

四　理想的补贴发放方式

政府对低收入群体的帮扶大多通过发放补贴的方式进行，

第十八章 社会保障的经济学分析

以购买生活必需品。乍一看,与不限定购买物的补贴相比,限定于购买生活必需品的补贴方式仿佛更合理。事实上真是这样吗?

比起限定于购买生活必需品的补贴,现实中,不限定用途的补贴(例如可以购买奢侈品)会更受欢迎。不限定用途的补贴能带来更大的效用。

我们可以通过下面的例子来说明。假定效用函数为 $U=XY$(U 为效用,X 为生活必需品,Y 为奢侈品)。效用指消费者在购买商品或服务时获得的满足程度,消费越多,满足程度就会越高。假设生活必需品的价格为 100 日元 1 单位,奢侈品的价格也为 100 日元 1 单位,能够消费的金额为 1000 日元。

①对生活必需品进行补贴时,购买 1 单位的生活必需品可以获得 50 日元的补贴,所以只需要实际支出 50 日元,预算约束方程为 $50X+100Y=1000$,即 $X=20-2Y$。将其代入效用函数可以得到:

$$U=(20-2Y)Y=-2Y^2+20Y=-2(Y^2-10Y)=-2(Y^2-10Y+25-25)$$
$$=-2(Y-5)^2+50 \quad (18\text{-}6)$$

上式中,$Y=5$ 时效用最大,根据 $X=20-2Y$,得到 $X=10$。因为可以获得补贴,所以低收入者购买生活必需品时会多买一些。此时,效用为 $U=5\times10=50$,补贴的总金额为 $50\times10=500$。

②一次性补贴 500 日元、不限定用途时,预算约束方程为 $100X+100Y=1500$,即 $X=15-Y$。将其带入效用函数可以得到:

$$U=(15-Y)Y=-Y^2+15Y=-(Y^2-15Y+7.5^2-7.5^2)=-(Y-7.5)^2+56.25$$

（18-7）

上式中，当 $Y=7.5$ 时效用最大，根据 $X=15-Y$，得到 $X=7.5$。此时，效用为 $U=7.5×7.5=56.25$。

由此可知，当不限定补贴的用途时，低收入者可以获得的效用更大。

五 "有效多数"表决机制中存在的问题

"有效多数"表决机制往往被认为是最能反映民意的政策制定（或调整）方法。但是，坂井丰贵（2015）指出，这一表决机制并不一定反映了真实的民意。本节通过下面的例子来说明。

假设目前有 X、Y、Z 三位候选人。如表 18-4 所示，第 1 组共有 3 位选民，X 最受欢迎，其次为 Y、Z；第 3 组共有 5 位选民，Z 最受欢迎，其次为 Y、X。

表 18-4　X、Y、Z 各自的支持人数及排序

排序	第 1 组（3 人）	第 2 组（4 人）	第 3 组（5 人）
第 1 位	X	Y	Z
第 2 位	Y	Z	Y
第 3 位	Z	X	X

在本次选举中，每位选民只能在 X、Y、Z 中选择一人投票。按照表中的分布，X、Y、Z 将分别获得 3 票、4 票和 5

票，Z最终当选。表面上看，通过"有效多数"表决，得到了公平的结果，但事实上真的如此吗？坂井丰贵（2015）指出了这一过程中存在的问题。

调整一下选举方法再来看看结果如何。采用两两比较的方式，首先让选民在X和Y中选择，然后在Y和Z中选择，最后在Z和X中选择。那么，在X和Y之间进行投票时，X将获得3票（由第1组投出），Y将获得9票（由第2组和第3组投出）。从投票结果可以看出，和X相比，人们更希望Y当选。在Y和Z之间进行投票时，Y将获得7票（由第1组和第2组投出），Z将获得5票（由第3组投出）。从投票结果可以看出，和Z相比，人们更希望Y当选。在Z和X之间进行投票时，Z将获得9票（由第2组和第3组投出），X将获得3票（由第1组投出）。从投票结果可以看出，与X相比，人们更希望Z当选。可以发现，Y最受欢迎，其次是Z，然后是X。可见，当采用这种两两比较的方式投票时，如果规则为最受欢迎的人当选，那么Y将当选。

以上例子证明，同样是在"有效多数"表决机制下进行选举，当选举方法发生变化时，当选的候选人也会随之改变。

畑农锐矢、林正义、吉田浩（2015）还提到了选区的划分问题。每个选区的选民支持的政党和候选人不尽相同。当实行小选举区制度时，得票最多的候选人当选。然而，当选区的划分发生改变时，当选人也有可能发生改变。原因是在选区划分改变之前，该选区的多数人支持某一政党；但选区划分改变之后，原来的很多支持者被划归到其他选区，该选区内支持其他政党的选民成为多数派。

参考文献

伊藤和彦・高橋克秀(2000)『介護保険制度導入がもたらす東京都経済への波及効果』日本経済研究 No.40, pp.105-128。
浦田仁(2013)「介護サービスの経済波及効果——茨城県産業連関表を使用して」『鯉淵学園教育研究報告』第29号, pp.35-44。
大守隆・田坂治・宇野裕・一瀬智弘(1998)『介護の経済学』東洋経済新報社。
厚生労働省「社会保障と経済について 平成17年4月14日」(http://www.kantei.go.jp/jp/singi/syakaihosyou/dai8/8siryou3.pdf) 2017年7月18日参照。
坂井豊貴(2015)『多数決を疑う』岩波新書。
畑農鋭矢・林正義・吉田浩(2015)『財政学をつかむ[新版]』有斐閣。
安岡匡也(2017)「予備的貯蓄と介護保険制度」『経済学論究』第70巻第4号、pp.63-81。

索 引

A

阿尔茨海默病 33，34
按病种计算 162
按服务项目付费 161～163
按照自费标准进行计算 163

B

巴罗等价定理 15
BRT（快速公交系统） 206
帮助流浪人口独立生活等特别措施法 52
保育妈妈 109，111
保育市场 106，113
保育员 107，108，111～116

避免购买 209
不确定性 181，182，232
不同年龄段人口的投票率 15
不同学历者的工资水平 228

C

残疾人 213～218，220，221
残疾人雇佣纳付金制度 216
残疾人自立支援法 213
残障补偿 73
产业关联分析 235，239，240
长期失业 86，186
长期失业人口 86
长时间劳动者的面对面健康指导 72

247

乘数效应 240

出生率 10

床位管控 158，161

床位数量 158～161，165

次贷危机 78，83

从患病到死亡 150

D

大阪自强馆 58

代际转移支付 8，16

待机儿童 5，99，106，109～113

单亲家庭 107，134～140，142

单身家庭 26，50，85

单身老人 24，25，27，28，52

等价收入 51

地方交付税 228

地域青年支援站 91

地域综合支援中心 28

第三方责任追偿申请 163，164

东日本大地震 197，198，200，202，206，207，209

动机 51，161，162，231

对受灾者的各类支援 208

E

儿童抚养津贴 136，137

儿童津贴 7，137，198

儿童虐待 121，122，125，126

儿童委员 26，27，126

儿童养护设施 119～121，124，126～131

儿童咨询所 121，124～126

儿童自立支援设施 120

二级医疗圈 160

F

法定雇佣率 215～217

法律认可保育园的配置标准 108

法律认可保育园 107～112

法律认可外保育园 107，108，112

法律认可外保育机构 99

非正规雇用 96～98

非正式员工 53，81，82，89，96，97，99～101，130，178，179

废除退休制度 13

风险池作用 240

服务型老年住宅 42

浮动费率　75

抚养费　138，140

釜崎支援机构　58

父子单亲家庭　134，135

复兴国债　198，200

G

高等教育　224，225，227

高年龄雇佣继续给付　192

个人信息保护法　28，207

工伤　71～75

工资刚性　187～191

公平性　229

供给者诱导需求　161，166

供应链　201

购物困难者　23

姑息治疗　152

孤独死　19，24，25，27～29，207

雇佣诱发系数　236

雇用保险　82～85，99，100，191，192

雇用保险制度　82，83，85

国民医疗费用　148

国立大学法人等运营费交付金　228

过度诊疗　162

过劳　66，67，70，71，73，75

H

黑心企业　66，75

护理保险　7，29，37，38，40，41，52，152～154，240

护理保险制度　29，37，40，41，52，152～154，240

护理服务　32，37，38，40～42，51，152～154，168，240

护理收费标准　41

护理型收费老年公寓　42

J

机动车损害赔偿责任保险　163

机构的护理服务　37，38

机会成本　5，6，231

机会平等　50，229，230

基本生活供应　201

基尼系数　49

集体交涉权　190

集体行动权　190

寄养方式　120

加班工资　69

家庭关系社会支出　6，7

家庭护理　38

间接波及效果　236，240

建设国债　198，200

健康保险工会　149

奖学金　129，141，225～227

奖学金领取情况　226

交通事故　22，35，36，163，164

缴纳税费　149

教育券制度　232

教育收益率　230，231

教育支出中的家庭负担比重　225

街头流浪者　54，55

结构性失业　187

结果平等　229，230

界限集落　10

经济波及效果　236

精神残疾　213～215，217

就学援助　140，144

就业机会　50，58，78，84，85，192

就职资金安定融资　84

居住贫困　54

K

看护休假（以照看孩子）　99

啃老族　86～91

空心化　9，10

课外辅导班的费用　141

L

劳灾保险的补偿　73

垃圾屋　36

劳动基准法　66～68，75，180，191

劳动力短缺　16，173，177，178

劳动力供给　97，172，174，179，187，188，191～193，195

劳动力市场的二元结构　172～173

劳动力市场的工资差别　180

劳动力需求　174，179，187，188，191～194，203

劳动力人口　10，11，16，84，87，96，130，171，173，

174，177，186

劳动者灾害补偿保险 72

劳动政策 171，176，185

老龄化率 3，148

老年人劳动参与率 10，12

老年一代 19，32，47

冷暴力 123

邻里之间的交往程度 24

临时保护 125，126

临时特例资金 85

临时住宅 25，206～208

领取最低生活保障补贴的"代际传递" 142

留宿服务 40

流浪人口 47，52～62，80

路易体痴呆 34

M

M形曲线 96，97

每年平均门诊就医次数 165

免费或低价诊疗事业 60

免费或低价住所 61

民生委员 26～28

摩擦性失业 186

母子单亲家庭 107，134～140，142

母子父子寡妇福利资金贷款 137

母子生活支援设施 120

N

"年份"总和生育率 4

年青一代 66，78，82，95

年轻父母 106，119，134

女性劳动参与率 10，11，82，96

女性劳动力市场 95

虐待 41，119～127

P

贫困的代际传递 142

贫困商业 40

平均住院天数 163，166

Q

取得育儿休假 99

潜在保育员 114

企业采取措施雇用老年人 13

轻度认知功能损害 34

情感障碍儿童短期治疗设施 119

全国健康保险协会 149

"群体"总和生育率 4

R

人岗错配 203

人口更替水平 4

人口老龄化 19,20,26,59,147,213,214

人口动态 3,4,134

人口预测 16,174

人力资本 178,181,227

人均全年实际劳动时间总数 70

认知症 32~40,43,207

商业保险 163

日本学生支援机构 141,226

日间照料 37,38,40

融合教育（通级指导） 219

S

36协定 68

三级医疗圈 160

三项劳动权利 190

少子老龄化 3,4,10,35,147,158,168,171,173,221

少子老龄化社会 3,35,147,158,171,221

社会安全网 26

社会保险费 7,8,173

社会保障 7,8,14,16,51,52,61,62,82,91,95,134,136,138,139,141,173,229,235,236,241

社会保障制度 7,8,14,16,51,52,61,62,82,91,95,134,136,241

社会保障制度支出 7,8

社会福利法人 37,112,113,120,121,127

社会性住院 153

社会养护 119,120,127,128

社会养老金 12

社会医疗保险 14,23,52,73,147,164

身体虐待 121

生活贫困者自立支援制度 91

生命终末期的治疗 151

失业 50,53,55,82,83,85~87,96,174,176,185~189,

191，203

失业率 53，176，185～187

实际经济增长率 84

食品安全 209

食品荒漠 19～23

收入差距 47，49，50，229

收养制度 128

受灾证明书 208

熟年离婚 25

双重住房贷款 205

税金 7，8，41

税收稳定原则 199

私立大学等经常费补助金 228

45度线模型 240

送餐服务 43

T

特别养护老人之家 37，38，41，42，153，168，240

特别支援班级 219

特别支援学校 219，220

特种国债 198

天鹅面包坊 221

The Big Issue 54，80，83，85，86

投入产出表 235，237，240

团结权 190

W

外部性 229

外籍劳动者 171～177

外来移民 10，11

完全失业率 53

完全失业人口 96

网吧难民 78～80

误工补偿 73

无业青年 87，88

X

相对贫困阶层 139

相对贫困率 50

小学和中学阶段的教育 225

校外辅导 229，230

心理虐待 121，123

信贷市场 241，242

性别间的工资差别 180

性侵害 123

性骚扰和孕产妇骚扰 99

需要护理等级 37，38，42

需要支援 38，130

选拔功能 227

学历 98，128~130，142，176，180，181，224，228，231

血管性痴呆 33

"熏制鲱鱼"假说 150

Y

延长退休年龄 13

养父母 128

养老保险 7，8，48~50

养老保险费 48~50

养老保险制度 48，49

养老金缴费时长 58

养老金最低缴费年限 57

一级医疗圈 159

医疗保险 7，14，23，52，73，147，149，155，162，164

医疗补偿 73

医疗圈 159，160

医疗政策 147，158，166，167

医生数量 164，165，166

遗属补偿 73

因公受伤或因公致病的认定标准 74

因照顾老人而离职的员工 39

银色民主主义 14，15

引入继续雇佣制度 13

隐瞒工伤事故 74，75

隐性待机儿童 110

应急临时住宅 206，207

婴儿院 119，127，128

"有效多数"表决机制 244，245

幼儿园和保育园 106

育儿休假 98~100，110

育儿休假给付 100

预防性储蓄 240~242

预立医疗照护计划（ACP） 152

Z

宅人族 89~91

诊疗报酬 154

诊疗报酬点数 163

支持女性兼顾育儿和工作的政策 95

肢体残疾 213，214

直接波及效果 236，240

治疗不足 162

治疗类选法 155

智力残疾 213~215,221

总和生育率 4~6,174

终身未婚率 25,50,101,102

终身医疗费用 149

重建 197~199,203~205,208,209

重建资金 197~199

周期性失业率 186

住宅支援补贴政策 84,85

专职主妇 100,101

专职主妇比例 100

咨询及救助工作 125

自立援助之家 120

自立支援中心 58,83

自然失业率 186

自我忽视 36

自由职业者 86~90

总额预算制 162

《最低工资法》 189

最低工资制度 189

最低缴费年限 48,57

最低生活保障制度 52,60,61,82,139

译后记

我曾经在日本学习、工作和生活7年，其间真切地感受到日本社会政策的进步与发达。日本学界很早就开始关注收入差距、老龄化、劳动力短缺等问题，日本政府也积极地制定了许多政策来帮助老年人、失业年轻人、单亲家庭、移民等弱势群体。这些政策的制定和实施，为许多发展中国家提供了良好的经验借鉴。然而，这7年时间里我也目睹了一系列在成熟社会中依然难以解决的社会问题。虽然日本老年人的养老和就业从制度层面上得到了很好的保障，但他们依然面临生活和护理困境；日本的大学入学率已经达到了很高的水平，但学生及其家庭依然背负着沉重的经济负担；劳动力短缺和年轻人失业、女性失业等问题同时存在；出生率极低，很多儿童却无处托付照看。这些问题在未来的某个阶段也许同样会困扰其他国家，日本只是一个提前遇到困境的"先行者"。将日本的制度成果和政策困境如实地反映给中国国内的专业研究者和广大学生，是我一直以来的心愿。

译后记

在过去的学习和实践过程中，我受到了多位师长的悉心照顾，其中包括我的博士生导师山本恒人教授、硕士生导师森诗惠教授以及引领我开启社会政策研究之门的已逝的土井乙平教授。同时，也要感谢来日访学、将学科动向与国内信息共享给我的吕学静教授与在担任研究员期间给予我很多指导和支持的埋桥孝文教授。此外，还有樱井幸男教授、王文亮教授等多位前辈以及胁坂幸子、徐荣、郭芳等多位同仁在科研道路上不断地督促我前行。在此，向所有的人表达感激之情。

留学期间的收获使我终身受益。回国执教后，我曾带领很多学生对日本的社会政策进行了研读，也先后鼓励很多社会学、社会保障学、社会工作专业的学生到日本留学。在此，要特别感谢我的学生、日本北陆先端科学技术大学院大学的赖科呈博士，是他为我找到了这本日文书籍，让我有机会系统地将日本的社会政策介绍给国内同仁。要特别感谢本书的作者、日本关西学院大学的安冈匡也教授，他用平实的语言、客观的数据和严谨的科研态度，逐一描述了日本社会政策的现实状况。

本书共18章，分为上下两个部分。上篇按照年龄和婚育情况将观察对象分为老年人、年轻人和年轻父母三个群体，并分别分析了他们面临的主要困境。例如，关于老年人，本书谈到了"食品荒漠"、"孤独死"、认知障碍、护理、收入差距、流浪老人等问题。围绕年轻人，本书列举了黑心企业、超时加班、网吧难民、非正规就业、非正式员工、"啃老族"、"宅人族"等现象。关于女性群体，本书分析了工作与家庭难平衡、职场性骚扰、终身未婚等问题。围绕年轻父母，本书探讨了待机儿童、社会养护、儿童虐待、儿童收养、单亲家庭等问题。从各国的社会发展进程和社会政策的完善过程来看，探讨以上问题具有一定的前瞻性。本书的下篇关注了日本社会政策相对发达的几个领域。例如，围绕医疗政策，本书分别从医疗费用增长、医疗服务供给、床位管控、定价制度、医师数量等角度，讨论了目前日本的医疗问题和医疗的理想改革方向。围绕劳动政策，本书观察了移民接收、灵活就业、最低工资标准、老年人再就业等劳动经济问题。此外，在灾后重建、残疾人福利、教育的经济支持等方面，日本的社会政策也有一定的前沿探讨和问题发现。在社会保障制度的完善过程中，日本也有很多要点和技巧可供各国参考。本书对以上问题也进行了一一论述。

本书能够顺利出版，离不开国内师长、领导、同行和学生们的大力支持。在此要感谢我的博士后导师王乔教授，他鼓励我积极借鉴海外经验，运用到国内的社会政策研究当中。在此也要感谢我的学院院长尹忠海教授，他引导我关注学科发展、发挥自己的专长并开展本书的翻译工作。翻译过程中，杨晶、唐俊、吴杨等同仁无私地与我共享了他们的知识和经验，林孟歆、李亚鹏、邝晓钰、龚陆阳、唐媛等同学高效地协助了我的工作，请允许我在这里向他们道一声感谢。在此，还要感谢在出版和印刷环节给予我大力支持的社会科学文献出版社的诸位编辑。本书能够由我翻译在中国出版，荣幸至极。

最后，还要感谢我的家人和朋友。他们乐观上进的精神一直鼓舞和激励着我，使我多次在逆境中继续前行。他们也帮我分担了很多生活琐事,使我能够将更多的时间和精力用于科研工作。在此,衷心地祝愿他们生活美满、一切如愿!

  本书系江西省老龄问题研究中心的成果之一。鸣谢江西省一流专业(社会工作专业)财政专项资金、江西省高校人文社会科学研究项目(项目编号:SH18204)、江西省博士后研究人员日常经费(项目编号:2018RC25)、江西省博士后研究人员科研项目择优资助(项目编号:2019KY02)等的大力支持。

王峥

2020年2月20日于南昌

图书在版编目(CIP)数据

日本社会政策：少子老龄化状况检视／（日）安冈匡也著；王峥译. -- 北京：社会科学文献出版社，2021.3（2024.8 重印）
（亚太经济与社会发展译丛）
ISBN 978 - 7 - 5201 - 8069 - 6

Ⅰ.①日… Ⅱ.①安… ②王… Ⅲ.①人口－社会政策－研究－日本 Ⅳ.①C924.313.4

中国版本图书馆 CIP 数据核字（2021）第 042037 号

亚太经济与社会发展译丛
日本社会政策：少子老龄化状况检视

著　者／[日]安冈匡也
译　者／王　峥

出 版 人／冀祥德
责任编辑／郭红婷
责任印制／王京美

出　版／社会科学文献出版社·文化传媒分社（010）59367004
　　　　　地址：北京市北三环中路甲 29 号院华龙大厦　邮编：100029
　　　　　网址：www.ssap.com.cn
发　行／社会科学文献出版社（010）59367028
印　装／唐山玺诚印务有限公司

规　格／开　本：880mm×1230mm　1/32
　　　　　印　张：8.75　字　数：187 千字
版　次／2021 年 3 月第 1 版　2024 年 8 月第 3 次印刷
书　号／ISBN 978 - 7 - 5201 - 8069 - 6
著作权合同
登 记 号／图字 01 - 2021 - 1467 号
定　价／78.00 元

读者服务电话：400891886

版权所有 翻印必究